大学生思想政治质量提升工程

榜　样
衡阳师范学院优秀学生事迹选编

主　编　陈　敏　蒋　杰
副主编　韩艳玲　姚尽沙
　　　　王鲁南　段顺林

北京理工大学出版社
BEIJING INSTITUTE OF TECHNOLOGY PRESS

内 容 简 介

本书是在提炼衡阳师范学院大学生榜样先进事迹的基础上，形成的思想政治教育通识读本。全书共分为厚德篇、博学篇、砺志篇、笃行篇四大篇章，材料翔实，感染力强，有较强的可读性和较高的教育价值。本书的出版，将对学校思想政治教育、大学生榜样人物研究提供帮助。

版权专有　侵权必究

图书在版编目（CIP）数据

榜样：衡阳师范学院优秀学生事迹选编 / 陈敏，蒋杰主编. —北京：北京理工大学出版社，2020.6

ISBN 978－7－5682－8587－2

Ⅰ. ①榜… Ⅱ. ①陈… ②蒋… Ⅲ. ①大学生－模范学生－先进事迹－衡阳 Ⅳ. ①K828.4

中国版本图书馆 CIP 数据核字（2020）第 103088 号

出版发行 / 北京理工大学出版社有限责任公司
社　　址 / 北京市海淀区中关村南大街 5 号
邮　　编 / 100081
电　　话 / （010）68914775（总编室）
　　　　　（010）82562903（教材售后服务热线）
　　　　　（010）68948351（其他图书服务热线）
网　　址 / http：//www.bitpress.com.cn
经　　销 / 全国各地新华书店
印　　刷 / 三河市华骏印务包装有限公司
开　　本 / 710 毫米×1000 毫米　1/16
印　　张 / 13.5　　　　　　　　　　　　　责任编辑 / 王晓莉
字　　数 / 242 千字　　　　　　　　　　　文案编辑 / 王晓莉
版　　次 / 2020 年 6 月第 1 版　2020 年 6 月第 1 次印刷　责任校对 / 周瑞红
定　　价 / 32.00 元　　　　　　　　　　　责任印制 / 李志强

图书出现印装质量问题，请拨打售后服务热线，本社负责调换

《榜样》编委名单

主　编　　陈　敏　　蒋　杰
副主编　　韩艳玲　　姚尽沙　　王鲁南　　段顺林
编　委　　钟佩玲　　王方晖　　李　翠　　张　杰
　　　　　　刘灵婷　　周利兵　　何　芳　　文怀诚
　　　　　　田赛男　　刘　维　　江子丹　　张　倩
　　　　　　李幸妮　　陈辉艳

前　言

衡阳师范学院在人才培养的过程中，始终践行立德树人的根本任务、因事而化、因时而进，因势而新，不断提高大学生思想政治教育的针对性和实效性，涌现出了一批包括全国大学生自强之星标兵蒋芬芬、全国十大孝心大使陈明珠等在内的优秀学子。自2017年以来，学校开展"榜样的力量"人物评选，通过班级推荐、学生自荐、学院推评等方式提名榜样学生，每月评出月度之星，每年从月度之星中集中推评年度人物，产生包括道德模范、学习标兵、励志人物、笃行先锋四大类型的大学生榜样，充分体现了我校厚德、博学、砺志、笃行的校训精神。从实际效果来看，榜样人物评选在师生群体中产生了较大影响，激发了广大师生赞榜样、学榜样、敬榜样的热情，受到了广大师生的一致好评。

本书是在2017年、2018年《榜样的力量》人物评选活动基础上对大学生榜样教育的提炼而形成的思想政治教育通识读本。本书共分为厚德篇、博学篇、砺志篇、笃行篇四大篇章，材料翔实，感染力强，有较强的可读性和较高的教育价值。我们相信，本书的出版，将对高校思想政治教育、大学生榜样人物研究提供有益帮助。

本书的编写团队是由我校多名长期从事一线思想政治教育工作的同志组成，特此向他们的付出表示敬意，希望编著人员继续努力，为广大读者奉献更多、更好的作品。

本书编委小组

2019年12月

目 录

厚德篇

援梦千里，花开西北
　　——法学院　安小花 …………………………………………（3）
不屈的脊梁，闪耀的明珠
　　——法学院　陈明珠 …………………………………………（6）
紧握勇敢的接力棒
　　——体育科学学院　付伟强 …………………………………（10）
你，是我们见过青春里最好的模样
　　——法学院　黄芳梅 …………………………………………（12）
名叫"雷锋"的一群人
　　——物理与电子工程学院"雷锋家电"工作室 ………………（15）
认真的她最美
　　——城市与旅游学院　李理 …………………………………（18）
你的优秀，亦是一种邂逅
　　——法学院　林佳茹 …………………………………………（21）
爱心支教路上的先锋
　　——外国语学院鄱湖中学爱心服务志愿服务团 ……………（24）
奉献不求回报的青年
　　——物理与电子工程学院　刘凯伦 …………………………（26）
迎霜而立，傲骨寒梅
　　——文学院　彭烨 ……………………………………………（29）
那一抹"橙"是你最靓丽的颜色
　　——新闻与传播学院　粟波 …………………………………（32）

"睿"不可挡的奔跑少年
　　——物理与电子工程学院　谭睿 ………………………………（35）
做一名正义的守护者
　　——经济与管理学院　王晨 ……………………………………（38）

博学篇

字若流水　心比山高
　　——文学院　殷志远 ……………………………………………（43）
躬行实践　力学笃行
　　——音乐学院　胡京 ……………………………………………（47）
心有所笃　路无荆棘
　　——教育科学学院　茹凯力 ……………………………………（50）
兴之所至　尽其在我
　　——经济与管理学院　周雨霏 …………………………………（53）
续人生精彩　丽质自温暖
　　——外国语学院　魏续丽 ………………………………………（56）
精神之火　生生不息
　　——信息工程学院　舒海平 ……………………………………（59）
试上高峰窥皓月
　　——数学与统计学院　钟文彬 …………………………………（62）
时光洗礼　破茧成蝶
　　——体育科学学院　钟宇静 ……………………………………（66）
行之苟有恒　久久自芬芳
　　——化学与材料科学学院　黄思文 ……………………………（69）
不远而复　敬之有成
　　——生命科学与环境学院　黎露 ………………………………（72）
心之所向　行之所往
　　——化学与材料科学学院　刘文静 ……………………………（76）
事竟成者　始于错也
　　——化学与材料科学学院　文丽 ………………………………（80）
人生在勤　不索何获
　　——化学与材料科学学院　吴倩 ………………………………（83）
但行好事　莫问前程
　　——生命科学与环境学院　吴思雯 ……………………………（87）
"学霸班"的故事
　　——生命科学与环境学院 2015 级生物科学 2 班 ……………（91）

砺志篇

扬梦想之帆　绘精彩人生
　　——美术学院　曾月园 ……………………………………（97）
心之所向　素履所往
　　——物理与电子工程学院　陈胜 ……………………（100）
立根破岩，无畏向前
　　——教育科学学院　贺佩 ……………………………（103）
国旗下那一抹灿烂的微笑
　　——体育科学学院　蒋芬芬 …………………………（105）
无畏之心　熠熠生辉
　　——文学院　李灿昱 …………………………………（109）
八个手指也可以撑起我的梦想
　　——法学院　李芬芬 …………………………………（112）
铿锵玫瑰，军中木兰
　　——计算机科学与技术学院　李明潞 ………………（115）
爱我所爱，敢想敢做
　　——新闻与传播学院　邱丽娟 ………………………（118）
生活几多磨难，再苦也不言弃
　　——法学院　邱宇 ……………………………………（121）
苦难是上天化了装的祝福
　　——经济与管理学院　释宗乐 ………………………（124）
只见格桑花开　闻得一路清香
　　——教育科学学院　童明莲 …………………………（127）
一朵开在贫瘠土地上的向阳花
　　——经济与管理学院　万登香 ………………………（130）
自强不息，怀壮志以长行
　　——法学院　夏波 ……………………………………（133）
努力奔跑，只为遇见更好的自己
　　——文学院　徐晓琳 …………………………………（136）
寸积铢累　破茧成蝶
　　——外国语学院　张婷源 ……………………………（139）
我听见了世界的声音
　　——城市与旅游学院　周小靖 ………………………（142）

风雨中奔跑的"赤脚"姑娘
　　——化学与材料科学学院　资莉丽 …………………………………（145）
世界以痛吻我，我却从未放弃努力生长
　　——中兴通讯信息工程学院　邹强 ………………………………（148）

笃行篇

初生暖阳，用笑容温暖世上人
　　——外国语学院　刘清 ……………………………………………（153）
怀创业梦，展大鹏之翅
　　——经济与管理学院　陈曦 ………………………………………（156）
初心不变，逐梦不凡
　　——法学院　肖雅茹 ………………………………………………（160）
努力奔跑的"奋斗女青年"
　　——法学院　孔杉 …………………………………………………（163）
投身研究不道苦，挥洒汗水方青春
　　——生物药物研究所团队 ……………………………………………（165）
待我长成大树，定予你一抹清凉
　　——城市与旅游学院　黄洁 ………………………………………（169）
青春在热爱中绽放
　　——功能 MOF 团队 …………………………………………………（172）
心怀温暖，永不孤寂
　　——生命科学与环境学院　谢锦涛 …………………………………（177）
他从火光中走来
　　——体育科学学院　蒋志景 ………………………………………（180）
听，我的声音
　　——法学院　郑欣雨 ………………………………………………（184）
乘风而起，不悔青春
　　——教育科学学院　胡晓庆 ………………………………………（189）
润物无声亦有"声"
　　——"校园之声"广播站 ……………………………………………（193）
以爱之名，照亮世界
　　——音乐学院　傅莹 ………………………………………………（198）
乘浪起舞，不负芳华
　　——新闻与传播学院　刘雍 ………………………………………（201）

厚德篇

　　道德之于个人、之于社会，都具有基础意义，做人做事第一位的是崇德修身。这就是我们的用人标准为什么是德才兼备、以德为先，因为德是首要、是方向，一个人只有明大德、守公德、严私德，其才方能用得其所。修德，既要立意高远，又要立足平实。要立志报效祖国、服务人民，这是大德，养大德者方可成大业。

　　——2014年5月4日，习近平在北京大学同师生代表座谈时讲话校训"厚德",语出《周易·坤》:"地势坤,君子以厚德载物。""厚",优待、推崇、重视;"德",道德。"厚德",即崇尚道德,也可指道德高尚。"厚德"自古便是中华民族道德建设的美好标杆。将"厚德"置于我校校训的首位,体现了学校始终坚持立德树人的教育根本宗旨,将德育作为教育的首要原则。本篇主要展示我校2017年度、2018年度"榜样的力量"评选活动推选的"道德模范"的优秀事迹。

援梦千里，花开西北

——法学院 安小花

安小花，衡阳师范学院法学院2014级历史学1班学生。热爱教育事业的她，自发组建了"援梦圆"支教团，至今已成功组织4期支教活动。她是孩子们眼中温柔体贴的大姐姐和好朋友，是村民眼中无私奉献的好老师。"不为名利，不图回报，爱心接力，义务支教，用爱心传递温暖"是她的宣言，她希望竭尽所能，将爱的种子播种在支教路上。

> 小花在我眼里是一个内敛、低调的女孩，给人一种沉稳可靠的感觉，让人觉得她办事十分踏实。她对待朋友也是非常和善的，与同学们相处得非常融洽；学习刻苦勤奋，求知欲很强，具有奉献精神，是个"闷声干大事"的人。
>
> （2014级历史学1班 周景鸿）

> 在我的眼中，她是一位性情温和、话不多、礼貌懂事的姑娘，学习上刻苦认真，积极进取，严格要求自己，有很强的求知欲；生活中很有主见，能凭一己之力在偏僻的西北小山村创建"援梦圆"支教团，这无疑是一个令人钦佩的"壮举"。她是在用自己的力量奉献社会，感染他人。
>
> （辅导员 王鲁南）

一个叫"援梦圆"的支教团

在甘肃省临洮县中铺镇有一个小山村，名叫大石头村，村里有农户164户，人口684人，学生共有66人，小至学前班的孩子，大到初中生。村里没有正式的小学，也没有兴趣爱好班，只有一个由2名老师组成的教学点，老师带领着学前班和3个低年级的学生。而中心小学距离村子有3千米，很多家庭没有条件送孩子去学习。假期因为没人辅导，许多小朋友的作业本都是空白的。安小花得知大石头村的这种情况后，萌生了"义务支教"的念头。在与几位支教老师多次商讨后，一起成立了公益支教团。"援梦圆"支教团队就在这样的情况下创立了，这是一支由安小花发起、由在校大学生组成的援助乡村的支教团队。安小花在支教这条路上一走就是两年，在这两年里，"援梦圆"支教团由最初的4人扩增到6人，她们分别来自兰州财经大学、四川师范大学、中南林业科技大学等高校，她们秉持着"反哺家乡，为孩子们的世界打开另一扇窗"的信念，在乡村志愿者这条路上不退缩、不懈怠，一直坚持着。

一朵困难压不倒的小花

安小花家是村里的精准扶贫对象，属于建档立卡户，国家政策的补贴缓解了家里的困难。但是，噩耗往往来得猝不及防，在安小花高三那年，父亲病逝。家庭原本的生活节奏被打乱：安小花的哥哥因此辍学；70岁的爷爷也不得不下田耕种；患有高血压的母亲为了供安小花上大学，平时除了务农以外还打多份零工。安小花明白，唯有努力，才能让家人过上好日子，才能回报祖国和社会。上大学后，安小花立志做一名人民教师。她抱着"回馈家乡，感恩社会"的心愿去帮助村里的孩子，让他们快乐地学习、成长。但一个团队的建立，单有热情和想法是不够的，还会遇到各种现实的考验，就看安小花这朵想要在大西北绽放的花朵能否不畏困难，迎霜而立。

2016年暑期，安小花一行人怀揣着一腔热血来到大石头村。正当她们想在这里大展身手之时，现实就带给她们第一个考验。当她们初次向当地的村民表明来意之后，村民们不仅不配合，似乎还存在些许质疑。她与团其他成员便日复一日积极地与村民进行沟通，向他们表明自己的决心和诚意。她们的真心最终打动了村委会干部和村民们。在得到肯定后，安小花和她的团队制订了一套全面的教学计划，孩子们既能够像在学校一样学习，还能培养兴趣爱好，增强综合素质。摆在她们面前的第二个考验就是场地问题，进行授课、作业辅导等都需要场地。这时候，村干部提供了村委会的一间小房子，搬空之后经过简单布置，"援梦圆"支教团便有了开展教学的地方。就这样，在她们的不懈努力下，在村委会的支持下，"援梦圆"支教团终于克服诸多困难开班了，招收幼儿园至高中各阶段的学生。正式开班的那一天，在这个不大的教室里，安小花和孩子们见面了。那一刻，她心中的兴奋之情溢于言表。看到如此多的孩子愿意加入她们的支教中，她也深深地感受到了自身肩负的责任。

一封来自千里之外的信

2016年1月26日,"援梦圆"创立了线上宣传平台,通过微信公众号来发布孩子们的动态,同时也呼吁更多的爱心人士加入她们。她们的故事于2017年2月受到当地一些媒体报道。自支教团成立以来,每一期活动,安小花的团队都认真地教孩子们跳舞、画画、写字,将自己所学的知识与经验慢慢地教给孩子们。

安小花的心愿很简单,就是希望孩子们在未来的学习道路上少走一些弯路,离成功近一点。在每一期支教活动即将结束的时候,她都会与孩子们一起排练精彩的节目,组织一场文艺演出。为了鼓励孩子们积极参与,勇敢地站在舞台上,她说:"我希望村里的孩子都能像城市里的孩子一样,将自己的才艺在舞台上自信地展示出来。我从来没想过他们和城市的孩子有什么不同,我所能做的就是把我所有的知识都教给他们。"在支教过程中,安小花十分注重孩子们的假期作业。每当辅导孩子们完成作业后,她总会认真地检查一遍,并将错误的地方批注出来,让孩子们改正。在积极鼓励孩子们主动提出问题的同时,培养孩子们敢于提出自己想法的勇气。除了作业辅导,她也常引导孩子们学习不擅长的科目,让孩子们在学习上更进一步。在完成假期作业的前提下,安小花还会给孩子们讲解部分下学期将要学习的内容,自费买一些学习用品、书籍及一些小玩具来表扬在学习过程中表现优异的孩子。她还把孩子们画画、练字的作品粘贴在展示板上,希望让家长们看到孩子不一样的风采。她们还会定期向每位家长做学情汇报,让家长们感受到孩子们的进步,也更让家长们相信"援梦圆"支教团。通过"援梦圆"支教团的努力,村里孩子们的成绩有了明显的提高。孩子们的读书声、歌声、欢笑声,让村子变得活跃热闹起来。一个孩子的家长在回忆村里的文艺汇演时说:"当我的孩子不再羞涩、翩翩起舞时,我的心就像装了蜜。"

2018年4月15日,衡阳师范学院法学院收到一封来自千里之外的感谢信,信中一百多户村民表达了对安小花及其支教团队辛勤付出的感谢。是的,村民们都记得,团队所做的每一件事情他们都记得。信中说:"你们的付出,我们无以回报,只能用言语来感谢。感谢你们无偿的付出!"对于文化水平不高的村民们来说,信里写不出华丽的辞藻,只有真真切切、发自内心的感谢。对于支教团来说,她们所做的只是自己力所能及、微不足道的事,但她们会一直坚持把这样的关爱传递下去,将教育的火种传递下去。

不屈的脊梁，闪耀的明珠

—— 法学院　陈明珠

　　陈明珠，衡阳师范学院法学院2017级法学2班学生。本该快乐无忧成长时，命运却跟她开了几次大"玩笑"，幼年时母亲在手术中不幸成为植物人，父亲离家出走，自己也遭遇变故，背部嵌入钢板。尽管经历重重磨难，她的脊梁却没有被压弯，她选择挺起胸膛直面风雨。她先后被评为"全国十大孝心大使""向上向善湖南好青年""中国大学生自强之星"。

> 　　明珠是一位非常热心的女孩。她的身世确实令人心疼，小小年纪承担着本不该有的痛苦和压力。但她没有被命运的挫折打倒，而是坚强地扛起了生活中的一切，挑起了家庭的重担。受到社会爱心人士关心、资助的她，也积极地参加各类志愿活动，回馈社会。每一次看到她帮助陌生人时脸上的笑容，都会感到温暖无比。明珠的精神，值得我们竖起大拇指！
>
> （2017级历史学2班　李幸妮）

> 　　陈明珠同学是一位积极乐观、自立自强的女生，不幸的家庭和个人遭遇并没有击垮她，而是让她变得更加坚强和努力，成为一颗永不沉沦的"明珠"。入校以来，她尊敬师长，团结同学，追求上进，积极参加志愿服务和社会实践，奉献爱心。她用自身实际行动生动诠释了不畏挫折、砥砺奋进的良好品质。
>
> （辅导员　翁敏）

从不向命运低头的明珠

　　陈明珠，来自常德市石门县的一个风景秀丽小山村。她有一个幸福的家庭，生活虽清贫，但勤劳朴实的父母亲靠着在外打工，早早地在家里建起了楼房，生活幸福美满。但谁曾想，命运居然和她开了一个莫大的玩笑，她8岁那年，也就是2008年，一切都变了。

那一年，她的母亲怀上了二胎，一家人都沉浸在即将迎接新成员的喜悦中。不曾想，母亲在手术中出现意外，从一个怀胎十月即将成为准妈妈的健康人变成了植物人。这个噩耗如同晴天霹雳，劈倒了家里的所有人。自那以后，家里不是爷爷的哀叹声就是父亲的哭泣声，整个家都弥漫着一种悲伤、低迷的气氛。母亲病倒后，不仅生活完全不能自理，还要每天服用价格昂贵的药物，父亲只能离开家乡，到其他城市务工来贴补家用。而早已上了年纪、一身疾病的外公外婆，无奈之下也肩负起了照顾女儿和外孙女的重担。8岁的陈明珠必须每天给母亲喂饭喂药，为母亲按摩锻炼，日复一日，年复一年。每到深夜时，她总会躲在被子里无声流泪，但是一早醒来，看着步履蹒跚的外公外婆和躺在病床上动弹不得的母亲，她就不断鼓励自己，一定要咬牙坚持。因此，她在学校更加发奋努力，回家了就帮爷爷奶奶照顾母亲。

原以为生活已经很糟糕了，可没想到，2014年正值高一的她，某天突然感到背部不适，被亲戚带到长沙湘雅医院检查，发现患有特发性脊柱侧弯。这种病在全球的发病率很低，手术风险大，医院告知手术费要15万元左右。听到这个噩耗，她再次陷入深深的绝望，因为对于这个生活条件艰苦的家庭来说，15万元无疑是天文数字。她将自己关在房里，暗自流泪、哭泣，谁都不见，当时的她心中已经决定放弃治疗，不想再给家里添麻烦了。后来，外公外婆对她进行开导，鼓励她要对生活有信心，并通过向亲朋好友借款、银行贷款、社会爱心人士捐款，总共筹集到了14万元，及时为她进行了手术。爱心人士告诉她："你还这么年轻，怎么能轻易放弃自己的生命呢？你有没有考虑过你的外公外婆？躺在病床上的母亲又该由谁来照顾呢？我们借给你的钱，等你长大有能力了，再回报给社会就好了！你要坚强！"她逐渐意识到，自己没有被放弃，自己更加不能放弃自己！幸运的是，手术非常成功，但她的脊柱从此多了一块钢板。而在她还没有完全从那一场与死神擦肩而过的手术中恢复过来时，就得知了一个让她再一次感到绝望的消息：父亲因承担不了这一连串的打击和重压而离家出走，不知所踪，至今也没有联系。命运仿佛一直在"玩弄"她，就像那歌词里面唱的一样，她成了"美丽世界的孤儿"。

尽管经历重重磨难，陈明珠的脊梁都没有被压弯，她选择挺起胸膛直面风雨。在家中，她照顾母亲更加细致、更加认真。除此之外，她常常主动帮爷爷奶奶干力所能及的事情，减轻他们的负担。因此，她也被评为湖南省石门县第二中学"十大最美孝心少年"。在学校，她也更加尊敬老师，用自己的学习成绩来回馈老师的关爱。

世人爱护的明珠

其实命运还是公平的,在多次捉弄陈明珠后,命运也给她送来了希望。父亲虽然狠心离开了她们母女,但越来越多的爱心人士关注到陈明珠和她背后的家庭。她的母校,常德市石门县第二中学为她减免学费,在深圳工作的一位名叫盛孝地的爱心企业家予以陈明珠10 000元的资助款,并每月给她300元的生活费。还有社会上的一些爱心人士,经常为她捐款捐物,尽可能让她像同龄人一样快乐成长。后来,"加多宝,学子情"爱心公益活动走进湖南,陈明珠有幸被选为资助对象,获得了5 000元的助学金。中央电视台"慈善之夜"栏目组也派了专业人员来到陈明珠家里,进行了为期三天的采访,并特意为她拍摄了一部小纪录片,之后在CCTV12热线播出了。紧接着湖南省各大媒体都报道了她的故事,她也成为社会各界爱心人士关注的对象。

2017年,她顺利考上衡阳师范学院。7月31日,学校招生就业处邮箱接到了一封特殊的信——《我想睡下铺》,作者正是石门县二中高三毕业生陈明珠同学。信中写道:"我原本去年要取钢板的,因为没有筹集到钱,原计划的手术一再搁浅。但我坚信只要不放弃就有希望……所以我恳切希望贵校在接纳我的同时,能够给我提供一张下铺,方便我养病和生活学习,学生我将万分感谢……"衡阳师范学院工作人员看到信后立即转给了学校领导,校领导当即研究决定,尽最大的努力帮助这个坚强的女孩。此时,衡阳师范学院录取通知书正在制作中,预计8月5日发放,但学校特地为陈明珠同学赶制了录取通知书。当天下午,受学校领导委托的相关部门负责人带着慰问金、慰问品及陈明珠同学的录取通知书,驱车前往常德石门看望陈明珠同学,了解其家庭情况。8月1日中午12点,慰问团一行人辗转来到陈明珠的家中,贫寒的家境让在场的每一个人为之震撼,而她乐观向上的精神也更让人为之动容!

经学校领导共同研究,衡阳师范学院决定免除她大学四年的全部学费,并提供全套生活用品,每年给予她最高额度的助学金。同时,学校还决定为她破例改装宿舍,将住四个人的设定改为只住三个人,将宿舍中她用的"上床下柜"式整套用具改为床铺,旁边设柜子作为她的生活区。开学后还安排品学兼优的学生干部与她同住,以便照顾她的学习和生活。

人间有真爱。学校和一波又一波社会热心人士对陈明珠的关注与资助,让她能够挺起胸膛直面风雨。在爱与关心中,她变得更加阳光,正如经历过无数磨砺后的珍珠一样,这颗明珠也将发出灿烂的光芒。

怀揣感恩之心的明珠

陈明珠深知，学校与社会给予她的一切资助和帮助，不仅是一份温暖的爱意，更是一份社会责任的担当。如此多的善举一路支撑着陈明珠前行，她决定更加努力，哪怕在逆境中，也要成为一颗绽放光彩的明珠。她坚信，一个人若有不屈的灵魂，脚下就会有一片坚实的土地。

上大学后的陈明珠之所以选择就读法学专业，是因为当年母亲的手术事故被判为意外，当时不懂法的一家人只能无奈接受，无力为母亲争取一点点弥补。因此，她想成为一名优秀的律师，为更多不懂法却十分需要法律援助的人带来帮助与慰藉。她相信，只要不畏艰难，义无反顾地朝着目标进发，踏实勤恳地立足当下，必定能成为她心中想要成为的那个模样。懂得感恩的她，在大学期间，加入微光志愿者协会，积极参加志愿服务活动，她说："我要将这份爱心传递下去。"这几年中，她组织并参与了几十次公益志愿活动，受益有几百人。俗话说："鸟有反哺情，羊有跪乳恩。"于陈明珠而言，志愿服务不仅仅是物质上的帮助，更多的是将自己收到的温暖与关爱继续传递给其他需要帮助的人。她的初衷是如此简单、如此纯粹，只希望尽己所能，将爱的力量传递下去。

她只是一个孩子，却成了家人不屈的脊梁。她用孝心点亮了这个家庭的希望，用善良绽放了苦难中的芬芳。风雨之中，她一直勇敢前行，因为她坚信爱会催生奇迹。她在2018年5月获评全国"十大孝心大使"、2019年获评"中国大学生自强之星"。经过打磨的珍珠会焕发迷人的光彩，而陈明珠这颗"明珠"经历经常人难以想象的生活磨难，一定会发出更加璀璨的光芒！

紧握勇敢的接力棒

——体育科学学院　付伟强

付伟强，衡阳师范学院体育科学学院2016级运动训练专业1班学生。他热爱体育，乐于助人，成绩优异而又憨厚朴实，因勇救两名溺水青年而被人熟知……

> 对于伟强，只有佩服。因为不是每一个人都有这样将自己的安危置之度外的勇气，也并不是每一个人都有如此专业的急救知识而不浪费每一秒抢救的黄金时间。作为伟强的同学，从他的身上学到了很多东西。他是我们学习的榜样，我们应该学习他的优秀品质、高尚情怀，向他看齐！
>
> （2016级体育教育6班　周敏）

> 付伟强同学，为人正直、勤奋踏实。学习上积极主动、训练刻苦，是一名品学兼优的学生；生活中，他心地善良且勇敢，曾不顾个人安危勇救两名溺水青年，是一名见义勇为的英雄。
>
> （辅导员　崔亚杰）

付伟强，来自湖南娄底的一个乡村，为人憨厚朴实，真诚和善。从小就十分热爱体育的他，一直坚持体育锻炼。为了实现自己的体育梦想，他以体育特长生的身份考入了衡阳师范学院体育科学学院。出身乡村的他虽说是体育特长生，却没有接触过正规、专业的训练，刚入学时，他与其他人相比显得有些吃力，但他却没有因此而消沉，而是正视自己的差距，刻苦训练，提升自己。每日进行跳楼梯增爆发、负重练习发展躯干肌肉、车轮跑提步频、高抬腿提步幅等一系列训练。为了能提高零点几秒的成绩，每个项目他总要付出比别人多几倍的时间训练，即使累到喘不过气，他也咬牙坚持。

功夫不负有心人，经过刻苦训练，付伟强在近两年的各级赛场上屡获佳绩，捷报频传：2017年湖南省大学生田径比赛十项全能获第二名、2017年湖南省大学生田径比赛4×100米接力获第六名、2016年衡阳师范学院第十八届田径运动会专业组200米获第三名、4×400米接力获第一名、4×100米接力获第一名；2017年衡阳师范学院第十九届田径运动会专业组400米获第一名并打破校纪录、4×400米接力获第一名并打破校纪录、标枪获第二名……"永不止步，奋勇向前"或许是对他的奋斗状态的最好诠释。但一向低调朴实的他，被大家所熟知的却是他见义勇为的英雄事迹。

2016年7月26日晚9时许，娄底市万宝镇的康某（男，23岁）、龙某（男，21岁）、郭某（男，21岁）三人到万宝镇孙水河浒石渡口游泳，游泳过程中龙某和郭某身体遭遇突发状况，不幸先后溺水，康某赶忙呼救，此时家住附近的付伟强听到了呼救声便立马叫上表哥和父亲乘船赶了过去，在事发水域发现了河中已经溺水昏迷的龙某。付伟强没有一丝犹豫便从船上跳入河中，使出全力把龙某托出水面，与船上的亲人配合将人拉上小船，因为龙某体重偏重，付伟强在救他时耗费了大量体力。在康某的呼救声中得知还有一位溺水者郭某，情况十分紧急，当时付伟强的父亲担心他体力不支，想要自己下水救人，可付伟强想到父亲年事已高，动作不如年轻人敏捷，担心其生命安全，便不顾父亲反对再次潜入河中进行第二次营救，这一次，他几乎耗尽全力才将郭某救了上来，与亲人们一同完成了对溺水者的安全转移，经过抢救，龙某、郭某两人顺利脱离生命危险。

2017年2月22日，娄底市娄星区政府召开表彰会议，由区人民政府授予付伟强"娄星区见义勇为先进个人"称号，区领导为付伟强颁发了见义勇为证书和奖金，并号召全区各级干部群众要以他为榜样，坚决维护国家利益和人民群众的生命财产安全。可以说，救人那一刻，他就是最勇敢的英雄，不顾自身安危，见义勇为，救人于危难之中。他用行动诉说着：助人为乐、见义勇为是我们中华民族的传统美德。希望这份勇敢，能够像付伟强在赛场上奔跑时手中紧握的接力棒一样，传递给更多的年轻人。

你，是我们见过青春里最好的模样

——法学院　黄芳梅

　　黄芳梅，衡阳师范学院法学院2015级知识产权1班学生。她用行动铸就爱，为残疾儿童送去关爱；她用文字传递爱与信念，所写文章——《我见过爱情里最好的模样》被《环球日报》、"共产党员"等多个平台转载，阅读数超十万；她日复一日坚持做志愿活动，志愿服务时长近千小时……

> 　　芳梅既是我的好朋友，更是好榜样。生活中遇到困惑时，她总是能够耐心地为我释疑，设身处地为我着想。她心地善良、关爱儿童，每次去见小朋友时，她都会开心地向他们跑过去。她总能给大家带来积极、正面的影响，真心为她点赞！
>
> （2015级知识产权1班　张根银）

> 　　黄芳梅同学是一位活泼开朗、积极向上的女生，学习勤奋刻苦，文字功底好，参与过省级大学生德育实践项目，她的文章——《我见过爱情里最好的模样》被多方转载，感动并影响了众多读者。学习成绩优秀的她，在学生工作上也同样优秀，处处起到模范带头作用。
>
> （辅导员　翁敏）

我们见过你热心志愿服务的模样

　　做志愿者，是黄芳梅同学自始至终坚持着的一件事。因为受过许许多多善良之人的帮助，她也始终保持着奉献之心，不计得失地去帮助他人，想让更多的人得到帮助。为了坚守心中的信念，刚步入大学的她就选择加入了原法学院朝露志愿者协会（现微光志愿者协会），多次利用假期时间参加协会组织的交通劝导活动、岳屏公园环境保卫行动等大小志愿活动。

2017年，法学院微光志愿者协会成立。她竞选为志愿者协会副会长，那一刻，除了内心的雀跃外，感受更多的是压力和责任。因为她深知，将自己始终热爱之事融入生活时，需要有担当，更需要坚守初心。任副会长一职时，她协同协会会长安排各项具体事务，主持举办各类志愿活动，如法制进社区、春晖之家中秋送温暖、学习辅导活动等多项活动。

对于黄芳梅来说，她不仅希望做一名志愿者，更希望将志愿精神留在每一次的活动中，并通过每一次志愿活动影响身边的人，带动大家将这份爱传递下去，让更多人感受到志愿服务的力量。

我们见过你关爱特殊儿童的模样

2017年9月，在一次志愿服务过程中，黄芳梅结识了"春晖之家"一群折翼的小天使。至今想来，她依旧觉得那是一场再奇妙不过的缘分。那一群小天使好似被上帝咬了一口的苹果，尽管身体或智力不完美，但仍旧执着且阳光。一见到这群小天使，她就受到了强烈的撼动。在向负责人了解相关情况之后，她立即协同负责人组织开展每周一次学习辅导或学习小手艺活动。此后，但凡周末有空，她一定会去陪伴那群小家伙。

她喜欢每一次她进门时，小家伙们开心地喊"梅子姐姐"的场景；她喜欢每次辅导时，小家伙们认真汇报作业完成情况的场景；她喜欢小家伙们牵着她的手，向她叽叽喳喳地说开心事的场景……她喜欢有关孩子们的一切。

谁又能想到，第一次见面时，他们胆怯害羞，不愿直视黄芳梅的眼睛，不愿与她沟通交流，甚至排斥与抗拒。但是经过耐心地陪伴，黄芳梅与这群小朋友建立了深厚的感情。她将自己的温暖和善良带给小家伙们，使他们感受到爱与关怀，尽管他们身体有缺陷，但他们的思想是自由的、是完整的，这便是坚持的最大意义。

我们见过你传递温暖的模样

2017年暑期，黄梅芳参加法学院"三下乡"活动，前往湖南省省级贫困村——石麓村。她担任志愿者教师，为了让当地留守儿童有良好的课堂体验，自己带领小组成员一遍遍地收集资料、修改课件以及丰富授课方式。因为黄芳梅见过孩子们怯懦又自卑的眼神，所以她想更加用心。

她了解过很多像"春晖之家"、石麓村一样的孩子，所以协同负责人申报省级大学生德育实践项目——"与法童行，点亮微光"。该项目旨在帮助像"春晖之家"、石麓村一样的特殊儿童群体，并于2018年获得"湖南省大学生德育实践项目"立项资助，这意味着有更多的特殊儿童群体可以得到帮助，可以受到教育和关注。

她从小就热爱文字，在简书、一点资讯等自媒体平台发表过原创文章。她坚定地认为，如果一个人的文字足够澄澈、积极且有力量，就有可能会影响和帮助别人，所以坚持用文字来传递正能量。2017年1月，她写了一篇有关父母爱情的文章——《我见过爱情里最好的模样》，在文中表露父母对她的正面促进作用，该篇文章被"共产党员"等公众号转载、环球新闻荐读，感动并影响了许多读者。也有读者向她吐露心声，抱怨生活不易、命运不公，而黄芳梅总是会耐心倾听与引导，帮助他们解惑。通过文字这种特殊的形式，她正在将更多的善意传递给他人。

"怀善良之心，做善良之人，行善良之事"是黄芳梅一直以来所坚持的信念。她时刻怀揣着一颗真诚的心，通过文字的力量去帮助他人，以自己的想法去做力所能及的事。

名叫"雷锋"的一群人

—— 物理与电子工程学院"雷锋家电"工作室

衡阳师范学院物理与电子工程学院"雷锋家电"工作室，前身为"物电学院党员维修小组"。该志愿服务组织成立于1982年，2005年改名为"雷锋家电"维修公司，是在衡阳师范学院校领导、院领导及广大师生的大力关心、支持与帮助下，建立的一家校园志愿服务组织。平日里，同学们都将"雷锋家电"维修公司称为"雷锋家电"工作室。它成立三十余年，一直秉承着"发扬雷锋精神，展现大学生风采"的宗旨，组织了大大小小的义务维修活动450余次，为全校师生及附近居民维修了43 000余件电器，累计志愿服务超过50万小时。

> "雷锋家电"是一个非常友爱、温暖的大集体，在这里我学会了维修电器，学会了帮助他人，更多的是学会用自己会做的、能做的去回报社会。每一次为他人免费维修电器的时候，都能感受到快乐与满足。愿"雷锋家电"发展得越来越好，能为越来越多的人服务！
>
> （2017级电信1班　黎澳华）

> 这是一个有理工特色的技术型志愿者服务组织，不管是义务维修还是技术培训，一颗服务社会的心把同学们紧紧地拴在了一起，用实际行动践行社会主义核心价值观，发扬雷锋精神。最打动人的，是每一个"雷锋"的奉献精神。
>
> （辅导员　李林奇）

"雷锋"诞生

"雷锋家电"志愿服务组织于1982年成立。这个秉承着"奉献、友爱、互助、进步"志愿精神的大集体，数十年来不曾停下前进的脚步，坚持在校园内进行义务维修工作,在校内外定时定点义务维修,同时还兼具用电安全知识宣传与咨询和为教职工提供免费上门维修服务的功能。

自成立以来,"雷锋家电"维修公司一直承担全院师生各种电器的维修工作,在服务师生的同时,也广泛利用课余时间,走出校园,走进社区,成为物理与电子工程学院学生工作的一个亮点。在30多年里,雷锋家电举办了大大小小的各种维修活动,为广大师生及附近的居民维修各种类型的电器,赢得了衡阳民众的一致好评。每一次都是热情满满,每一次都是倾心付出,每一次都不求回报,正因如此,"雷锋家电"工作室才走到了今天,队伍才愈来愈壮大。

助人为乐的"雷锋"

2018年3月,学雷锋月,"雷锋家电"工作室为弘扬雷锋精神,先后举办了一系列义务维修活动。3月10日,在张先学副书记和李林奇老师的带领下,工作室成员来到了厉家冲社区进行义务维修活动。当日,维修活动从早上9点一直持续到下午3:40,一共维修了32件家电。同时,成员们认真专业的态度受到了居民们的一致好评。3月25日,物理与电子工程学院"雷锋家电"工作室携手生命科学与环境学院在西校区举行了时长为8个小时的摆台义务维修活动。2018年6月10日,"雷锋家电"工作室在师苑新村摆台进行义务维修。2018年9月,工作室在洪家湾雨花亭社区开展了暑假"三下乡"的义务维修活动……

记得有一年在"三下乡"时,"雷锋家电"的成员到社区为居民送去义务维修服务。刚到那里的一行人,引起了居民的注意与警惕,他们似乎对此不是怀有喜悦感,而是含有一丝敌意和不信任。"雷锋家电"的小伙伴到每家每户敲门问候,询问是否有需要维修的物件,但家家户户都拒绝了他们的好意,甚至还有人想赶走他们。无奈之下,"雷锋家电"向居委会请求帮助,提出申请,由居委会出面作证,才获得了居民的一些信任。他们开始在社区路口旁的空地搭台子,招呼居民将自家需要维修的物品拿出来。开始只有一两个人试探性地前来修理,当修好了之后,居民似乎完全放下戒备心理,开始吆喝"雷锋家电"是正规维修机构,并且还是免费的。过了一会儿,其他人陆陆续续地从家里走了出来,拿出各种各样的电器给他们维修。有位老大爷拿着一个不知哪个年代的录音机来修理,修好了之后,大爷甭提多开心了。"你们太厉害了!这个我找很多人修了都没成功,真的太谢谢你们了!"大爷握着他们的手,激动地说着。那是大爷年轻时非常重要的一个人赠予他的分别礼物,能修好,大爷自然激动不已。

"真的很感谢你们!之前因为维修费太贵不舍得修,但也不舍得扔,一直留着。现在你们修好了,太谢谢你们了!"

"你们真的太好了,我从来不知道还有这样的免费维修活动,辛苦了!"

居民们一阵接一阵的赞扬声、一份又一份小礼物,抵过"雷锋家电"志愿者所有的苦和累,因为鼓励的声音总是令人充满无限动力。每一次的义务维修活动不仅为居民送去了科技、文化方面的知识,还缓解了居民的部分经济压力,获得了一致好评。

"雷锋"之行不止步

工作室里涌现了一大批优秀的志愿者,"雷锋家电"也正是因为有他们在清晨与夜晚不辞辛苦的付出,才变得更加优秀。作用是相互的,每个"雷锋家电"人在默默地付出的同时,也会得到"雷锋家电"的馈赠。有的人在"雷锋家电"交到了一群志趣相投的朋友,有的人在自己所喜欢的领域有了更进一步的探索,有的人锻炼了自己。对于社会,"雷锋家电"也在竭尽所能让义务维修更加普及。在维修活动中带动更多的大学生服务社会,弘扬了乐于助人的正能量。随着工作室的影响力不断扩大,"雷锋家电"的先进事迹受到了校电视台和省教育电视台、红网衡阳论坛的高度关注;《衡阳日报》《衡阳晚报》《湖南日报》等各大报社争相报道;湖南卫视和湖南经视记者来现场采访。"雷锋家电"工作室,将继续用微光点亮世界!

认真的她最美

——城市与旅游学院 李理

　　李理，衡阳师范学院城市与旅游学院2014级旅游管理1班学生。重视理论与实践相结合的她，是师生眼里的好学生。她正在用自己的青春，书写更精彩的文章。

> 　　李理学姐是一个很努力的女生。非常喜欢和她交流，因为每一次和她交流都能感受到她身上的那种由内而外散发出来的满满的正能量。而且在和她的接触过程中，我真正明白了一句话："越努力越幸运。"这是她用实际行动教会我的。如此漂亮、努力的姑娘，一直坚定初心朝前进发，我相信好运一定会一直眷顾她的！李理学姐，加油，你是最棒的。
>
> （2017级地理科学3班　卢思佳）

> 　　她是一名非常优秀的学生，各方面都比较突出，有较强的沟通表达能力、组织能力、理解能力及策划执行能力。在大学期间曾出国交流，多次参加各类项目，获得一致好评。同时，她也是一名非常有团队精神和集体荣誉感的学生。
>
> （辅导员　阳宏润）

注重理论与实践相结合的她

　　大一那年刚迈入大学校门的李理，在其他同学都仍处于观望、迷茫之际，已然对自己的未来有了清晰明了的规划并且充满了信心，积极地参加各类活动，主动承担起了许多责任。这一年，她担任了班长、校学生会社会实践部干事、旅游管理工作室活动部助理等多项职务。李理担任班长期间，与同学相处融洽，班风良好，创新意识强的她曾多次出谋划策，为班级同学举办过"英语角""圣诞晚会""撕名牌""联谊会""周末野餐"等多种类型的活动。所在班级在李理和其他班委成员的带领下,凝聚力强,获得了"衡阳师范学院美丽教室"的称号。2014年度干部考核工作中,在学联会认真工作的李理获得了大家的一致认可,被评为"学联之星"。她似乎无所不能,在每个职位上,都能做得有声有色,尽显风采。

相比于大一,在大二时李理已经积累了很多经验,也更加懂得机遇的重要性。在各部门、各机构换届之际,李理果断选择了都留任。幸运的是过去一年的工作得到了各方的认可,她成功成为校学生会社会实践部部长、旅游管理工作室主任,并且凭借优异的表现被推优入党。李理担任社会实践部部长期间,积极开展校园特色活动,如"主题辩论赛""校园十佳歌手"等,带领部门成员共同完成策划宣传、向各大企业公司争取赞助等工作;担任旅游管理工作室主任期间,她协助专业老师开展院校的各项专业活动与竞赛,组织策划并导演"旅管风采秀晚会",还担任主持人和演职人员,组织旅行社专场招聘会……一次次活动的策划与组织,一份份工作的开展与收尾,只要是交给她的任务,无一不是完美的。

不忘初心、热爱学习的她

身兼数职的李理虽学生工作繁忙,但是她也时刻铭记自己的主职:学生。因此她会好好平衡学习与工作之间的时间与关系。事情繁多的她常常利用别人休息的时间学习,丝毫没有落下自己的学业。

但凡有一点时间空隙,李理都喜欢一个人跑到图书馆,拿起一本本喜欢的书来"奖赏"自己。在书中畅游的她,仿佛总能忘却疲惫,充满能量。也正是因为时间紧凑,李理养成了提前做计划的好习惯,事事都条理清晰,能够很好地利用每一段碎片化时间。或许这就是同样的时间里,她能做更多的事情的原因。

付出终有回报,努力终究会有成果。大学期间她取得了英语六级证书、普通话一级乙等证书、计算机一级证书与国家导游证,并以优异的学习成绩获得国家励志奖学金。

将所学知识付诸实践的她

不愿"两耳不闻窗外事"的李理,为了增加社会实践经历,提高实践技能,常常利用业余时间去旅行社做兼职导游,并且十分幸运地到世界排名第二的酒店集团——洲际集团旗下的广州中心皇冠假日酒店前厅部实习，由于实习期间表现良好，荣登酒店英雄榜。真诚的服务使李理赢得了许多顾客的赞扬，并且还获得了作为酒店代表、中国进出口商品交易会的外勤人员参与广交会服务工作的机会。暑假期间，为了感受异国差异，她参加了全球大学生赴美带薪交流项目，去到温德姆酒店集团美国弗吉尼亚州威廉斯堡 Governor's Green 房务部工作，在美国的交流、实习、生活、旅行大大增长了见识。

同时，为了培养和提高自己的专业素养及综合技能，她参加了第三届湖南省大学生旅游类综合技能大赛，并在决赛中获得 2016 年中青旅杯湖南省教育局"互联网＋旅游"大学生专业综合技能大赛一等奖；先后两次参加湖南省旅游局和政府的大型接待活动，一次是作为中国旅游日文明旅游志愿者；一次是参加湖南省第二届乡村旅游推介大会暨宝盖银杏文化节，并担任主要学生负责人，完成讲解和接待任务。

2016 年度"爱岗敬业好青年"称号、"两学一做"理论征文竞赛二等奖、第三届湖南省大学生旅游类综合技能大赛一等奖……一个个荣誉称号和奖项如一道道光环，围绕在这个姑娘的身旁。不认识的人若是看到李理如此多的荣誉奖项，或许会忍不住感叹道："她运气真好！"殊不知，哪有什么从天而降的幸运，只不过是一直默默努力，又懂得把握机会罢了。因为只有不断努力、不停地寻找机会的人，才懂得及时把握住机会。李理常说这样一句话："如果我们把自己认为能做到的事情都去做好，那么事情完成后我们一定会大吃一惊。"

你的优秀，亦是一种邂逅

——法学院　林佳茹

林佳茹，法学院2016级思想政治教育1班学生。她阳光开朗，与同学相处融洽；她在高铁站助吴天祥老人搭乘高铁，使她被大家熟知；她的善举受到《光明日报》《湖南日报》《衡阳日报》等各大媒体的宣传。

> 对于偶尔在学习上有点吃力的我来讲，林佳茹的帮助犹如炎炎夏日的一缕清风，我享受到了被帮助的快乐，也学会了尽己所能去帮助别人。在她的影响下，我也在做志愿者，明白了红马甲是城市展示给旅客的第一道风景，学会了用微笑来化解不理解和防备。有了志愿者们，整座城市变得温馨而可爱。很开心佳茹被提名榜样人物，拥有一个榜样，我们能时刻看到奋斗的方向；拥有一个榜样，我们能时刻看清正确的道路；拥有一个榜样，我们能时刻品味青春的滋味。
>
> （2017级历史学2班　刘娟）

> 这个女孩在我的印象里，乐观、热情、勤奋，并且特别有礼貌，见到老师总是满脸笑容。吴天祥老人的事情让很多人知道了她，但她没因此而改变，而是始终保持自己那份初心，乐于助人，经常参加志愿服务活动。如果大家都能像她一样，微光点亮微光，若是人人都能献出一点爱，这个世界将变得更加美好！
>
> （辅导员　钟佩玲）

助人为乐，一种成长的邂逅

始终保持着助人为乐之心的林佳茹总是那样积极、阳光。当班上同学遇到生活上或学习上的难题时，她会主动了解情况，进行安抚，尽自己的最大能力为他们寻找对策，解决问题；平时，她也会发动班上同学，鼓励大家积极参与志愿活动，为周围的人和事奉献出自己的一份力量，力所能及地去解决周围人面临的问题。每当看到身边人因问题得到解决而露出笑容时，林佳茹就会感到自己的付出是有意义的。

帮助他人总能让人感到快乐无比，每天林佳茹都会以美好的心情去帮助需要帮助的人。她拥有一颗善良的心的原因是在这个大千世界，她遇到了太多太多友善的人，遇到了很多令人感动和幸福的事，她觉得自己也要做一个传递善良的人。"赠人玫瑰，手有余香"是她日常生活的真实写照。她说没想过自己能做多大的事情，只想在可能的条件下做一些有意义的事情，去帮助服务别人，让自己的生活更加充实、更加有价值，因为一个人活着不仅是为了自己，也要服务社会。

举手之劳，与全国道德模范的美丽邂逅

林佳茹加入学校的青年志愿者联盟（简称"青盟"）后，常常利用课后时间参加志愿活动，帮助别人。一直以来，她通过这个平台做过许多志愿活动，不断将温暖传递给他人。

2016年11月，林佳茹像往常一样，与她的同伴去参加高铁站志愿活动。在高铁站帮助那些行李太多而行动不便的人。在此期间，有位老人一直站在高铁站出口处，刚开始她认为这位老人是在接人，但后来林佳茹主动上前了解情况，得知老人与其接引人失去联系，于是立即想办法帮他联系，并不断地安抚老人的情绪，给老人安置休息地，并在高铁站来回询问，最终帮助老人成功联系到接引人。老人被送上车时，连连向林佳茹及其同伴表示感谢。林佳茹的善举深深感动了老人。之后不久，衡阳师范学院收到一封手写信，这就是那位被帮助的老人——吴天祥写的信。老人在信中表扬了衡阳师范学院志愿者服务队伍，尤其点名表扬了林佳茹同学。正是因为这些温暖的举动，衡阳这座城市才显得更加文明。

老人这封远道而来的表扬信是对衡阳师范学院志愿者服务活动的肯定。后来，林佳茹乐于助人的事迹相继被《光明日报》、《湖南日报》、《衡阳日报》、湖南都市、湖南省电视台、衡阳电视台等多家媒体报道，彰显了志愿者精神，得到了社会各界人士的高度赞誉。

初到一座城市，四面都是陌生的街道和人群。当你摆弄着手中的地图、盘算着所处的位置，手足无措之际，有一个人热情地引导你，使你安全快捷地到达目

的地，该是多么幸福而又温暖的事啊！这需要每一位志愿者的无私付出。

"你看多么渺小的我，哪怕是在某一刻发光，也能照亮你。"林佳茹说，"我只是很平凡的一个人，我身边还有很多默默奉献的志愿者，我们都一样，只是在做普通的、自己想做的事情。"

心怀奉献，去邂逅下一个精彩

林佳茹不仅在学校时积极地参与志愿服务活动，在假期中也会在自己的家乡寻找并做一些志愿活动，如去敬老院看望老人，帮助环卫工人清扫街道，帮助残疾人等。林佳茹的高中同学曾说："佳茹的心思很单纯，一旦认准了一件事，就一定会做下去，什么都不能改变她的想法。做志愿者便是例子。"林佳茹始终认为，日常生活中的一次小小的善举，就是一次志愿活动，它不分名义，存在就是为了让善意传得更广、更远。她一直坚持着这个观念，并在身体力行。

她的大学生活在别人看来可能很忙碌，但忙碌使她感到充实，同时这种充实也教会了她很多人生道理，让她真正了解明白志愿精神——奉献、友爱、互助、进步。林佳茹说，做志愿者最开心的事是帮到了需要帮助的人，让自己的一份善意得到了认可。在做志愿服务时，她也看到越来越多的旅客开始主动帮不相识的人拿行李，主动保护老人、小孩，这是让她感到欣慰的事情。

林佳茹始终相信，只要坚定信念，一路奋斗，就一定会有所收获。或许每个人所走的道路不同，但终点一定是相同的，那就是迈向成功的彼岸。她说，一个人不应只往那未知的远方看去，而应该注重眼前与脚下，做好当前事，积少成多，慢慢地，你会发现自己并不平凡，因为平凡的事，只要坚持不懈，就是不平凡！

爱心支教路上的先锋

——外国语学院鄋湖中学爱心服务志愿服务团

外国语学院鄋湖中学爱心服务志愿服务团,是由衡阳师范学院外国语学院创办的,学生自愿去鄋湖中学支教的一个志愿服务组织。它以支教为载体,让一个濒临关闭的乡村中学重新焕发勃勃生机,让孩子们能够继续接受高质量教育。

> 几年来,外国语学院鄋湖中学爱心服务志愿服务团为鄋湖中学的教育事业付出了很大努力。这帮志愿者不求回报,尽心尽力,获得了家长们的广泛好评与信任。"永远怀着激情,永远认真对待"是外国语学院鄋湖中学爱心服务志愿服务团每个成员牢记的使命。他们值得我们每一个人佩服与敬重。的确,教书育人是一项伟大而又光荣的事业。今日的用心对待,换来明日的善意传承。爱心,永远传递;善意,永远澄澈!
>
> (2017级英语5班 谭丹)

> 鄋湖中学爱心志愿服务团成立已经有八年多了,志愿者一直以来积极开展志愿支教等活动,使一个濒临倒闭的乡镇公办中学发生了根本性变化。他们自觉担负起时代赋予的使命,努力践行雷锋精神,挥洒青春热血,不忘初心,牢记使命,谱写了无愧于新时代的青春之歌。
>
> (辅导员 江子丹)

"让每一位学生都能够享受到受教育的权利",是外国语学院鄋湖中学爱心服务志愿服务团每一位成员的初心。截至2018年,外国语学院到鄋湖中学支教的人数超过500人次,这使一个濒临关闭的乡村中学重新焕发出勃勃生机,学生的中考成绩由原来的全区倒数第一跃升到连年顺数第一;在校生人数从2010年的26人增加到2018年的223人,是支教前的8.5倍;《衡阳日报》《湖南日报》等多家媒体对外国语学院鄋湖中学支教活动进行了宣传报道。2013年10月,外国语学院鄋湖中学支教活动被评为湖南省教育系统十佳学习活动;2016年获得湖南省普通高等学校校园文化建设优秀成果一等奖;2017年获得湖南省普通高校大学生德育实践项目立项资助。

为了搭建大学生党员党性锻炼和素质提升的平台，提升大学生党员的思想道德素质，加深对社会的了解，利用师范专长创先争优，外国语学院从2011年3月开始主动在衡阳市珠晖区酃湖乡酃湖中学建立大学生党员实践教学基地，进行支教活动。

珠晖区酃湖中学创办于1976年，是一所拥有三十多年办学经验的公办全日制初级中学。由于撤校并点、好生源外流与投入不足等原因，学校教学质量连年下滑，生源越来越少，截至2010年上学期，酃湖中学初一到初三三个年级总共只有26个学生，只有14个专任老师，学校面临关门的窘境。而就在此时，外国语学院酃湖中学爱心服务志愿服务团成立，打破了这个窘境。

为了帮助酃湖中学走出困境，同时也为了更好地锻炼师范生，支教团组织每一位热衷教育事业的师范生走上酃湖中学的讲台，开始了三尺讲台教书之旅。在正式上课前，支教团队对招募的志愿者进行了初步筛选，并对确定的志愿者进行了课前培训。起初，志愿者们没有摸索出合适的教学方法，以最传统的方式进行教学。但是基础差的孩子并不能很好地理解每一个知识点。随着接触的时间越来越长，志愿者们也逐渐掌握方法，摸索出更加有趣的教学方法；孩子们也逐渐适应了志愿者的教学模式，知识掌握得更加牢固了。支教团的支教老师们重视接触每一位孩子，给每一个孩子平等接受学习的机会。不仅如此，还为孩子们建设了图书室、音乐教室、计算机教室等多功能教室，供孩子们开展第二课堂的学习。

随着教学的时间越来越长，支教团对酃湖中学的影响也越来越明显，酃湖中学里学生学习成绩和综合素质跻身全区一流。在2013年6月衡阳市初中毕业生会考中，该校初三毕业生人均分由原来的全区倒数第一跃升到正数第一，中考人均分665分，列衡阳市第5、珠晖区第1，人均高出珠晖区第2名93分。2014—2016年，中考成绩继续稳居全区前茅。由于教育质量提高，该校近几年来的招生形势大为好转。

酃湖中学在教育质量上取得的突出成绩让区领导刮目相看，珠晖区教文体局领导和区委书记、区长等相继到校考察调研，多次对该校提出表扬。近4年来，区教育局也加大了对酃湖中学的经费投入，累计投入经费近300万元。新建了一栋两层楼的小型教学楼、一间计算机房，添置了6个多媒体教室，改造了学生宿舍，修缮了学生田径运动场，新修建了篮球场、羽毛球场和一个小型足球场。

这就是支教的魅力所在。善行一日或许难以见成效，但日复一日地去做这件事，长此以往定能有所收获，每一次皆有所成长。

奉献不求回报的青年

——物理与电子工程学院 刘凯伦

刘凯伦，物理与电子工程学院2014级电子信息工程1班学生。对于无依无靠的老人们来说，他是最可靠、最亲近的人；对于脏兮兮的街道来说，他是勤劳的清洁者；对于拥挤的道路来说，他是可爱的"疏通者"。

> 志愿服务不计回报，永远把爱与温暖传递给大家、传递给社会。刘凯伦学长一直走在志愿服务的路上，一路播撒温暖，一路有爱盛放。从敬老院到十字路口，从简单的陪伴到烈日风雨下的岗位坚守，途经的每一处都是阳光和善良。他自身纯善，也让周围的同学在其感染下开始默默贡献自己的一份力量。我想，这样的一股力量，从实处出发，慢慢扩大凝聚，服务于社会、服务于国家，其影响将是巨大的。刘凯伦学长，好样的！
>
> （2017级物理学3班 朱立林）

> 刘凯伦同学在校学习期间品行端正，态度良好，注重专业学习，热忱投身青年志愿者行动、热心公益、服务群众、奉献社会，全校大小志愿活动都积极参与，获得多项荣誉。他积极参与团市委、团省委、省青协的各类志愿者培训，并且不忘把培训学到的优质内容传授给志愿者，积极推进志愿活动服务品牌项目建设，将学习的内容融合到志愿工作去。
>
> （辅导员 田赛男）

熟知刘凯伦的同学都知道，他的业余生活里没有"英雄联盟"，更没有吃喝玩乐；周末的清晨，当室友睁开双眼时，寝室早已经没了刘凯伦的踪影。谁也不知这位匆匆离寝的室友究竟去了哪里。久而久之，同学们都误以为他是个性格孤僻的人，不爱同他聚餐游玩。但随着慢慢接触了解，刘凯伦经常玩"失踪"的真相得以大白。原来周末早早出门的他，是去敬老院陪伴孤寡老人，帮老人们打扫卫生，做力所能及的事。得知事情原委后，同学们都对刘凯伦刮目相看，并且在刘凯伦的影响下，也常常一起去敬老院陪老人聊天、帮老人做家务。这或许就是志愿精神的魅力所在吧。

怡心湖敬老院与白鹭湖敬老院，是刘凯伦带队做志愿服务最多的两个敬老院。由于去的次数较多，和老人们待的时间比较久，他与这里的老人非常熟络，用心的他能叫出近一半老人的名字，知道老人什么时候应该吃什么药。因为待人温柔善良，服务认真踏实，老人们也把他当成自己的亲人，见到这个熟悉的身影，就会开心地喊他的名字。

除了在敬老院陪伴老人，刘凯伦的志愿之路也是多姿多彩的。只要留心发现，在车流穿梭的街头常常会看见他的身影。从外地前来衡阳求学的他，反而成了同学们的"活地图"，听闻只要跟着刘凯伦走，就不会迷路。因为自2014年开始，刘凯伦就常常在衡阳各主要交通路口，劝导行人文明过马路。在川流不息的人群中，佩戴志愿服务标志的他成了路边最美的风景。

天气冷了，还会回温；树叶落了，还会抽嫩芽；岁月流逝了，便永远不会再回来。刘凯伦就是一位想到了马上付诸行动的人，自入学以来，他便投身于志愿服务活动中，从不做口头承诺。他把志愿服务当作爱好，把助人为乐当作习惯。衡阳市大大小小的志愿活动中，总有他忙碌的身影。人生活在一个有氧的环境里，燃烧是一种氧化，生锈也是一种氧化，而他选择了燃烧自己。

白云奉献给草场，江河奉献给海洋，白鸽奉献给蓝天，星光奉献给长夜，而刘凯伦把他的青春奉献给了社会。他也常说："从事志愿服务使我懂得，能在冬日里静默地付出，如夏花般灿烂地活着，都应感到快乐。"所以他的脸上总是挂满笑容。

一个人，一旦坚定了自己的梦想，他的身心就会融合在梦想之中，就能在平凡的世界里，做出不平凡的事情。

自2014年10月加入青盟以来，刘凯伦便积极投身于青年志愿者活动中，热心公益、服务群众、奉献社会，积极参与全校大小志愿活动，在各方面都取得了一定成绩。3年以来，累计参与交通督导志愿活动18次，每次4小时。他被评为"2016年度衡阳十佳志愿工作者"；他在第15届湖南省团代会当选为共青团湖南省委员会候补委员；他积极参与团市委、团省委、省青协的各类志愿者培训，并且不忘把培训学到的优质内容传授给其他志愿者。

作为一名积极参与志愿服务的志愿者，他秉承着"奉献、友爱、互助、进步"的志愿者精神，献出自己的爱心，积极帮助他人，不怕苦，不怕累。在参与志愿活动时，他的脸上总是洋溢着满足和幸福的笑容，志愿活动带给他的，是无限的快乐与感动。

雷锋在日记中写道："一个人的作用，对于革命事业来说，就如一架机器上的一颗螺丝钉。机器由于有许许多多的螺丝钉连接和固定，才成了一个坚实的整体，才能够运转自如，发挥它巨大的功能。螺丝钉虽小，其作用是不可估计的。"刘凯伦就是这一颗坚定的螺丝钉，在自己的岗位上尽自己的能力做好本职工作。

　　志愿者就是在不为任何物质报酬的情况下，为使社会更美好而提供服务、贡献个人的时间及精神的人。如果信念有一种颜色，对刘凯伦来说，志愿者活动一定是最热情的红色。在提供志愿者服务的时间里，虽然刘凯伦舍弃了很多休息时间，但他时刻因这份职业而备感自豪和踏实。在志愿者的这条爱心之路上，刘凯伦迈着青春的脚步，一如既往地坚守着自己的初心，越走越远……

迎霜而立，傲骨寒梅

——文学院 彭烨

彭烨，文学院2015级汉语言文学1班学生。她坚忍而开朗、稳重而自信，是寒风无法折服的花朵。她在2018年被评为衡阳师范学院"尊师重孝道德人物"。

> 开在石头缝隙里的花，坚忍而乐观，而盛开时也是美丽夺目的。家境贫寒的彭烨，在面对一次又一次的灾祸时，没有消极，也没有退缩，而是相信着生活依旧美好，刻苦学习，尊师重孝，像向日葵一般向阳而生。常言道："穷人家的孩子早当家。"她懂事善良，从小就知道要为家里减轻负担，做家务，干农活，用微笑感染周遭所有人。愿她能用她的美好品质与积极的生活态度，迎来美好的未来。
>
> （2017级汉语言文学4班 胡蓉）

> 她孝敬双亲，尊老爱幼，尽管家境贫寒，家庭支离破碎，但从来不向命运低头，乐观积极地面对生活。她自立自强，刻苦勤奋，有明确的学习目标，成为一名光荣的人民教师。希望未来她能通过自己的努力来谱写新的篇章，在以后的日子里不断磨砺自我，最终达到自己设定的目标。
>
> （辅导员 方慧）

彭烨母亲的前夫因胃癌医治无效离世后，与其父相识结为夫妇，在第二年生下了她。她和父亲和母亲住在当时生产队的一所土坯房，直到2012年政府实施建房有补助，她家才拆旧房建新房。本想着就要过上幸福甜美的生活了，但事不如人愿，一桩又一桩的灾祸降临到她的家中。

彭烨的母亲本就患有遗传性的心脏病和高血压，又因之前照顾前夫，过度操劳，在她读小学的时候就只能在家休养，且每天需服用大量降低血压的药物。这20来年，其母虽然多次想要外出打工挣点钱补贴家用，却经常因疾病缠身、身体支撑不住而以遗憾告终。

在母亲住院期间，还在读初中的彭烨凭借着从小养成的自理能力，每天5点多便起床为家人做好早餐，给饲养的猪喂食后去上学，放学回家完成作业后，又去田间打猪草，去山上拾捡柴火，烧好洗澡水，做好饭菜等着父亲回家，让其带她去医院看望母亲。从小学到初中，每个周末她都在家帮母亲做家务，收割水稻、插秧、采摘茶油籽等农务活她都是能手，也因此而荣获"自立典范"荣誉称号。

常有人说"女儿生下来是用来疼的"，而彭烨的母亲却说："我的女儿生下来是用来心疼我的。"好几次她的母亲因病导致心口痛而无法安眠，夜间呻吟不断，彭烨都是整夜整夜地为母亲抚摸心口，为母亲熬制中药。刚熬完的中药温度可能很高，彭烨怕汤药烫到母亲，于是用左手的食指试温，长时间这样做后，她左手食指留下了一块凸起的硬皮。

2014年，彭烨的爷爷离开了人世，本是家中顶梁柱的父亲因为伤心过度而住进了医院，昏睡了一天一夜。最后经医院诊断，她的父亲患有胃穿孔、肺脓肿、肝硬化等多重病疾。原本就一贫如洗的家庭，又因其父的病而雪上加霜。

那时她是一名高三的学生，为了不给她增加太多心理压力，家人想瞒住她父亲患病的消息，不料还是让她知道了。明白高三课程的重要性，但又心系重病住院的父亲，她便向学校申请晚上在医院陪护，开始了每日医院、家和学校三头跑的日子。

从初三毕业的暑假一直到大一，每一个寒暑假她都在医院后勤处打工挣取学费，甚至母亲的药费也是从中挣得的。在父亲生病期间，她努力调整自己的心态，合理地分配好自己的时间，用自己省吃俭用存下来的生活费给父亲买肉煲汤。回忆起那段日子，她总说："那时感到最幸福的事，就是看着父亲把煲的汤全部喝完。"

当同龄的孩子还在父母的怀中撒娇时，小小的她就为了生活开始努力。她相信，没有什么是过不去的，只要敢于挑战暴风骤雨、渴望飞翔的心还在。

生活给予了彭烨重重一击，让她没有任何喘气的机会。但彭烨却能够在黑暗中，找到属于自己的精彩。生活虽苦，但知识会是一支良好的调剂品。彭烨对待学习孜孜不倦，她知道，知识能够改变人的命运，所以努力学习、奋勇拼搏才是根本。

学习让彭烨光芒四射，再加上她的父母从小给予她的良好家教，她的光芒更加耀眼。在彭烨成长过程中，她的父母便要求她独立地完成学习任务，在校必须听从老师的安排。所以到现在，她对待老师都是尊敬有加的，对待同学都是友善热情的。在学校里，彭烨是老师们的小能手，常常协助老师处理一些事情，老师们对她的工作能力也是满口称赞。

彭烨从小学起便一直是班干部,六年级的时候兼任班长及学生会主席;初中三年均任班长一职,帮助老师管理班级,团结同学。高中亦是闲不下来,在紧张的学习之余,担任着文学社社长等职务,协同文学社老师出版上百份文学报。大学至今也一直在院学生会工作,协助辅导员和书记管理学生会的相关事宜,由于表现突出,多次获得老师们的一致好评,也曾先后获得校级"优秀学生干部"、校级"优秀共青团干"、院级"优秀团员"等多项荣誉称号。

彭烨发自内心地尊重与敬爱老师,她懂得是老师给予了她知识,帮助她成长。没有老师的辛勤付出,就没有她的健康成长和进步。她知道感恩,并且用自己的行动去证明自己的心意。

"一日为师终身为父,对待老师应当像对待父母一样,怀以感恩的心去尊敬师长,谨遵教诲"成了她的人生信条。

彭烨说,她最大的心愿就是让父母健康地生活,没有疾病,可以苦自己,但不能再让父母受累。几年来,她精心照顾父母的孝心,感动了周围许多人,大家都对这个善良质朴的女孩竖起了大拇指。回想这些年艰辛的成长之路,她几乎没有享受过快乐幸福的少年时光,而是勇敢地承担起照顾父母的责任与义务,用自己柔弱的肩膀扛起了生活的重担。

一棵挤压在石缝中的稚嫩幼苗,在黑暗中蕴发力量,最终突破石缝,长成一棵参天大树;一缕跳跃在峡谷中的涓涓细流,百折不挠,微笑向前奔跑,最终汇成浩大的江河。其实每个人都一样,我们无法选择自己的出身,也无法阻止狂风暴雨、困难坎坷,但我们可以勇敢扇动翅膀,踏出第一步,迎着海浪与黑暗,用力微笑,无惧未知或者已知的难关,迎难而上。

未来的路依然漫长,但彭烨却毫不畏惧,她说:"天将降大任于斯人也,必先苦其心志,劳其筋骨,饿其体肤。我要与那雏鹰一样,用大自然生存的残酷历练心智,以凤凰涅槃的精神坚定信仰。我坚信,困难只是暂时的,只要自己不放弃努力,笑对生活,阳光定会出现!"是的,"阳光总在风雨后",像彭烨这样的女孩,敢于直面人生挫折,勇于接受困难的挑战,即使眼看山穷水尽,仍会峰回路转、柳暗花明。

那一抹"橙"是你最靓丽的颜色

——新闻与传播学院 粟波

粟波,新闻与传播学院2015级广播电视学1班学生。他是"橙色哥哥",发起了暖心的"橙色行动";他是热心人,在路上遇人求助,主动上前帮助;他是引路人,带领2017级新生走好大学的每一步……他用"橙色"温暖着每一个人,用行动回报社会。

> 粟波是一个非常热心的人,他提出组织"橙色活动"让我觉得非常不可思议,没想到他把这件事情做成了,并且做得这么好,我确实十分敬佩!他平时是非常阳光、积极的一个男生,也是一个心思细腻的人。如此优秀的一个人,学习、工作两不误,真的十分佩服。希望他能一直优秀下去!
>
> (2015级广告学2班 刘雍)

> 作为班长,以身作则,带领全班同学发起耗时一月的"大学生橙色行动",面向全市发起爱心众筹,号召爱心人士购买扶贫村滞销的冰糖橙,并将100件爱心橙子作为冬日的礼物赠予100位年长的环卫工人,扶贫且公益,既解决了滞销问题,也温暖了环卫工人。厚德诚恳、热情温暖的他,学生模范当之无愧。
>
> (辅导员 齐春媚)

2017年12月,一场"橙色行动"在衡阳开展,活动受到了市民们的热烈欢迎,并引起多家媒体的关注与报道。此次的策划者就是来自新闻与传播学院2015级广播电视学1班的班长粟波。也正因这场温暖、有爱的"橙色行动",他也被人们亲切地称为"橙色哥哥"。公益、扶贫;正义、利他;奉献、投入;热情、感性。"橙色哥哥"就是这样的一个人。

大三这一年,"橙色哥哥"粟波当上了班长,在担任班长期间,发动全班同学组织了一场公益活动,称之为"橙色行动"。

"橙色行动——给环卫工人100份爱"是活动的主题。通过这个活动,倡导市民购买农民滞销的冰糖橙,为扶贫事业做出贡献。同时,他们将此次推广活动与公益关爱结合起来,面向全市征集公益资金,发起爱心众筹,为衡阳市环卫工人赠送100件冰糖橙,并呼吁市民继续助力衡阳的文明创建工作,关心城市环境,关爱更多"黎明工作者"。

前期,他们在网上发布"橙色行动"信息推文,让大家了解并参与其中。在推文里附上了橙子的购买链接,以方便爱心市民的购买。推文一发出,得到了许多爱心人士的支持与参与,各大媒体看到活动,纷纷前来报道,帮助他们推广。但是,网上认购的数量并没有达到他们的目标,正在焦灼之际,爱心人士伸出援助之手,热心地帮助他们成功开展了线下爱心认筹活动。

"师傅,我再确认一下,明天100件橙子能准时到达衡阳火车站吗?"

2017年12月22日20:25,在宿舍的粟波不停地打电话和货车司机确认情况,并和衡阳市备战青年志愿者协会联络,对接活动的各项情况。

"活动好不容易到了现在,明天可太重要了!"

为确保这批从祁东县高龙村的冰糖橙能妥善地被认筹,再被安全地送到环卫工人手中,这位年轻的小伙儿丝毫不敢松懈。

2017年12月23日早上9点半,"橙色行动"线下爱心认筹活动在衡阳火车站广场举行。活动也吸引了许多市民围观,仅一个小时,100件来自扶贫村的橙子就被爱心人士全部认购,并当场送给100位环卫工人,这场时间跨度一个多月的"橙色行动"终于圆满落幕。粟波和他的团队凭借自己的双手,完成了一次爱心传递。

2018年寒假期间,一次偶然的机会,一名出租车司机跟粟波说,他不久前捡到了一部价值2500元的全新华为手机,连电话卡都没有,之后交到了公司,但是前两天发现,公司并没有联系上失主。粟波得知这个消息的时候,寒假也快结束了,手机的事情还没解决就返回了学校,但是人在学校,心里却还一直惦记着那部手机的事,觉得手机不该这样"身处异处",之后他就以新媒体记者的身份进行调查。打电话,发短信,一番周折之后,也成功联系上了失主,并且让失主去公司所在地领回自己的手机,这期间时间跨度有一个多月。"我都以为我的手机拿不回来了,发票都差点丢了,真是太感谢你了。"失主笑着说道。

"橙色哥哥"不仅是个有想法的班长,还是一个负责的新生班导。

"班导,我现在在公交车站这里,我不知道怎么去学校。"新生报到的那个晚上,粟波突然接到了一个电话,"你站着别动,拍个标志性的建筑物给我,我马上去找你。别怕,我不挂电话。"话没说完,他就已经往外面走了。

新生报到那几天,粟波总是到深夜才能回到宿舍,到了宿舍还要统计新生的到校信息,并且还会跟正在来校路上的新生联系,落实好他们到达学校的时间,以便第一时间将新生们安全送去宿舍。作为班导，他深知这是自己的责任。

军训期间，有一位女同学来例假，疼得哭了出来，粟波就把女同学送回宿舍，并且给她买来止痛药和红糖水。平时，他经常去新生宿舍和大家聊天，问问有什么不适应的、不愉快的，还会跟大家普及一些安全防骗知识。每一节晚自习，他也会陪着大家一起上，"我在这里陪着他们，可以让他们有点安全感，也可以防止一些骗子进来宣传，多好。"粟波笑着说。就是这样一个阳光、暖心的"橙色哥哥"，于细微之处暖人心。

粟波是个乐于助人的男生，同学们都喜欢找他帮忙，他也很乐意帮助大家。课余时间他会积极地参加各种志愿活动，有时候跟着团体，有时候会带领同学们去，有时候也会自己一人去。相处时间久了，你会发现他是一个十分感性的人，有时在路上，看到别人冒着冷风在工作，他都表示十分尊重。他觉得敬业的人是最美的，总想找一个机会送给他们一份爱心。哪怕是在路边看到一些年迈的爷爷奶奶卖东西，不论需不需要，他都会上前去买一些。

"橙色哥哥"就是这么一个积极组织参与公益活动、团结同学、为同学排忧解难，且在公民合法权益受到侵害时挺身而出的一个人。谈及做志愿者，他说，对他影响最大的，还是他的爷爷。"我出生在农村家庭，从小跟着爷爷长大。爷爷平时很喜欢帮助别人，村里的人都很尊敬他，说他是个热心肠的人。记得有次爷爷发高烧，我陪他去打吊针，回来的路上，看到别人的车走不动了，他二话不说，上去就帮忙推车。慢慢地，爷爷的行为也潜移默化地影响了我。他从小就告诉我做人的道理：要学会帮助别人，即使吃点亏、受点苦也没关系。这句话我从小就记住了，并且会影响我的一生。"问到为什么想当志愿者，粟波这样说道："我想做一个有用的人、一个有爱的人、一个有德的人。"

"睿"不可挡的奔跑少年

——物理与电子工程学院 谭睿

谭睿，物理与电子工程学院2015级物理3班学生。他自小就十分懂事，总会尽己所能帮家人做各种体力活；他热爱书法与阅读，日复一日，让他成就非凡自我；他志向远大，身任班长一职，带领班级一步步走向优秀；他心怀爱与感恩，用行动回馈社会，用爱心助力山区孩子圆梦。

> 睿哥是一个非常努力、非常认真的男生，而且心思十分细腻。在他担任班长的那一年里，我能感觉得到，他是真的热爱这份工作，付出了自己百分百的热情去做好每一件事。后来听说睿哥去大西北为山区孩子们送爱心，确实觉得很不可思议，也很佩服他的爱心和毅力。他身上有太多值得我们学习的精神，为他点赞！
>
> （2017级物理学4班 谭鹏）

> 谭睿同学是一个优秀的学生。他积极上进，有着良好的道德修养，能够在各方面发挥先锋模范作用；他刻苦努力，学习成绩良好，综合测评名列前茅，曾多次获得奖学金；他担任了两年班长，塑造了一个具有浓厚学风和凝聚力的班集体，在他的带领下，班级曾获评"文明示范班级""先进班集体"等荣誉称号；他为人友善、乐于助人。在课余生活积极参加志愿服务活动，并获得了学校"十佳志愿者"荣誉称号。
>
> （辅导员 李林奇）

每个人皆生而不凡，如何度过自己的一生，却全凭自己掌握。一生中，有的人自甘平庸，有的人乐于平淡，有的人胸怀大志……而谭睿，一直在奋力拼搏，追逐属于自己的诗和远方。

志向非凡的谭睿，自从跨入大学校门，就想在衡阳师范学院这片广阔的天空闯出属于自己的一片天。打开梦想匣子的第一步，即是竞选班委。当班主任提及要选出一批有责任心、有服务心的人担任班委时，他就开始行动了。一篇几百字的面试稿被谭睿反复修改，数次之后才最终定稿；稿子确定后，谭睿开始练习，鼻音与边音难以区分对他来说又是一大难题，一次又一次的练习，使他的嘴巴干燥不已，但一直到稿子背到滚瓜烂熟，他才停下来休息。竞选那一天，有备而来的他自信满满，将自己准备的面试内容字字清晰地吐露出来。台下的老师和同学们也都忍不住为他鼓掌，为他的勇气和决心而鼓掌。就这样，谭睿成功当选为2015级物理3班的班长。

身为班长的谭睿，深知班级是由每一位成员共同组成的一个大家庭，每个人在这个集体中都是非常重要的，因此他常常会与班上的同学交流，了解同学们近期的学习情况、心理动态和生活状况，做到一切都心中有数，并及时向班主任与学生辅导员反映班级的总体情况和同学们的各方面动态。谭睿不仅心思细腻，还是个有想法、懂创新的人。为了改良班级学风状况，他在班上组织同学们建立了学习小组，根据个人特点与学习情况进行分组学习，让成绩优异的同学辅导学习成绩差、学习兴趣不浓厚或是对学习丧失信心的同学，同时各小组之间采取竞争模式，比较每组同学的进步情况，如此的学习模式令班上的学风有了非常大的改善，同时拉近了同学们之间的距离、增进了同学们之间的感情，为进一步增强班级的凝聚力打下了基础。实施了近一年，加上同学们持之以恒，班级的学业成绩得到了明显提高，一跃成为年级数一数二。谭睿还为学院的学风建设贡献了自己的一份力，对"无手机课堂"制度、课堂考勤制度等都进行精细化的考量和修改，自己以身作则给同学们树立了一个标杆。对于在课堂上违反纪律的同学，课后他会予以提醒和劝阻；对于在校园内不文明的行为，他会及时制止。为了进一步激发同学们向上向善的精神，他还组织同学们观看具有广泛社会影响力的精品人物专题栏目《榜样》，鼓励同学们积极分享观后感，希望借助榜样的力量来加强同学们学习的劲头。总而言之，谭睿在就任班长一职期间，营造了"遵纪守法、明礼知耻、文明修身"的良好班级氛围，获得了不错的团体荣誉。

中华文化源远流长，书法更是一代一代传承下来，见证着历朝历代的变化与发展。自小就热爱书法的谭睿，进入大学后，亦是坚持每天练习书法。他曾说："不论科技如何发展、如何先进，属于中华民族的宝贵财富都不能舍弃。书法传承至今，其演变史也代表着中华文明的进步史，承载着华夏五千年的文明史。作为当代大学生，必须继承和发扬中华民族的优秀传统文化。"在2016年上半年，他通过了中国书法家协会书法六级考试。在这背后是被墨水浸湿的一张张宣纸、被毛笔涂画得乌黑的毛毡、用废了的一支支毛笔。爱书法的他也爱读书，每日一读是必不可少的。

正如莎士比亚所说："生活里没有书籍，就好像没有阳光；智慧里没有书籍，就好像鸟儿没有翅膀。"阅读与书法不仅可以滋养心性，还可以陶冶情操，坚持自己所热爱的事情，无形之中为他积累了许多宝贵的财富。

谭睿的家庭经济条件不好，他从小跟随爷爷奶奶一同生活，常年在外务工的父母收入甚微，十分辛苦，这使年幼的谭睿早早意识到生活的艰辛与不易。都说"穷人家的孩子早当家"，谭睿在家会帮助爷爷奶奶做些力所能及的体力活，步入大学的谭睿常常利用周末时间去做家教，挣取生活费，为父母减轻经济压力。

生活没有给予他甜蜜，但谭睿却有一颗甜热的心。在校园各处，常常能见到谭睿与班上同学一同充当"校园绿色小使者"，清扫校园的角落，清除"牛皮癣"，为校园的美化贡献自己的一份力量。

2017年暑假，热心公益事业的谭睿主动放弃假期，报名参加了一场大型的全国大学生公益活动——"在爱中行走"，到祖国的大西北做志愿者。初到大西北，见到荒芜的一片景象，生活条件非常艰苦，他甚至萌生了离开的想法。但是，他在这里遇到了一群可怜又可爱的孩子，他们晶莹剔透的眼睛里闪烁着的光，无不透露着对知识的渴望、对外面精彩世界的向往，但他们却被贫穷束缚住了前进的脚步。谭睿和团队的小伙伴为了帮助孩子们实现梦想，决定通过公益义卖、发动公益众筹等途径资助大山里的孩子。于是，他们开始积极向社会各界人士组织义卖、一次次地外出募集善款、一次次地在网络上发动爱心人士众筹……经过数个日夜，最终，他们众筹的款项足够资助甘肃天水一个贫困家庭的孩子上学。尽管数额有限，受益人仅限一人，但是对于那个孩子而言，这无疑是天大的好消息！如今那个孩子已踏上了正常的求学之路，朝着自己的梦想一步一步前进，相信在爱的滋润下，那个孩子也会成长得越来越棒。而谭睿也一直在用自己的行动让社会上更多的人参与到公益活动中来，为社会传递正能量。

当别人问他这几年最大的收获时，他说是"爱与感动"。一路走来，谭睿的人生路上不知遇到了多少荆棘，但他总能愈挫愈勇，不被困难打败，因为他相信自己是自己人生中的"Superman"。

做一名正义的守护者

——经济与管理学院 王晨

王晨，经济与管理学院2014级物流管理1班学生。他是人群中的正义勇士；他相信奇迹由自己创造，奋勇拼搏；他一直坚信世界的美好，愿做世界的守护者。

> 侠肝义胆，是他的代名词；正义的勇士，是他一直以来的标签。帮学妹设计追回骗走的钱，救落水老人，阻止小偷行窃，为患癌同学捐款……温暖阳光如他，见义勇为如他，助人为乐如他，他就是众人眼里的"红色"青年，生活里一直都充满着正能量。如今的社会，就是需要像他这样敢于出手的年轻人。传递正义和助人精神，才是最根本的目的。我也希望，王晨学长带来的一身正气，能够被更多人看到，感染更多的人。
>
> （2017级电子商务1班 孙敏）

> 他是一名来自东北的质朴男生，有很强的正义感，乐于助人，看到身边的同学有困难时会主动伸出援手。在校期间，他曾担任过班导师助理、团副助理等主要学生干部岗位，工作认真负责，有创造性，是一名德智体美劳全面发展的大学生！
>
> （辅导员 李湘龙）

说起王晨，大家都会情不自禁地赞扬他，他带着一身正气，维护世界和平。这么高的评价，并不为过，因为在生活中，王晨的确是一名真正的正义勇士。

王晨所带2016级的小雨（化名）在网上不小心被骗子骗走7 600元，小雨被骗后内心焦灼，把事情原委告诉了王晨。王晨及时向学院书记和学生辅导员汇报了这件事，并立马带着小雨到学校附近的鄂湖派出所登记立案。但警员当时表示，追回这笔款项比较困难，小雨顿感无望。然而车到山前必有路，后来骗子又打电话给小雨，企图再进行二次诱骗，王晨同学机智巧妙地"反套路"了骗子。

最后，王晨帮助小雨把骗子利用她进行网贷的款项还清了，并把属于小雨的

7 600多元也追了回来,剩下的那些被王晨"忽悠"的欠款也全部上交给了公安机关。这件事后,学校和小雨的亲属以及派出所的警员都对王晨赞赏有加,并在学校的公众平台上详细地宣传了这件事。

除了这件事情以外,王晨同学还做过不少助人为乐的事情,他正气凛然,一直坚持用自己的一份力量来感染社会。

2008年3月,还在上初中的王晨在得知隔壁班一个同学身患胃癌却又难以支付治疗费用时,当即捐出所有零花钱。回家后他又和家人详述了这件事情,他用自己的爱心、同情心还有真挚的言辞打动了家中数位亲人,第二天一早他便将一大家子捐出的几千元现金送到了患癌同学的家里。

2012年7月,正在上高中的王晨和其父亲及两位中学同学去兴凯湖游玩,听见有人呼救,王晨没有丝毫犹豫就向事发地点跑去。当发现一位五六十岁的老妇乘坐的充气小船被浪掀倒在离岸数米处时,王晨毫不犹豫地跳进水中将老妇救上了岸。事后,老妇的家人赶来,对他表示感谢,想要其联系方式,并进行物质感谢,但王晨礼貌地婉拒了。

2016年,王晨和同学在衡阳市解放路逛街时遇到过两次小偷行窃的情况,他都在第一时间上去喝止,让小偷没能得手。

2016年10月末,王晨乘火车去看望在重庆工作的堂姐,在出站口看到一个小偷正在向一位背着挎包的女士下手。王晨当机立断,从小偷的身后踩住他的小腿内侧,抓住他正在行窃的左手,按在身下,控制住他,使小偷一动也不能动。随后,车站附近的巡警接到报警迅速赶了过来,将小偷带走,并当场称赞了王晨。

一次真诚相助胜过百次怜悯同情,一次见义勇为胜过百次豪言壮语,王晨每一次的正义举动,都让人由衷敬佩。

不求任何回报地帮助他人,尽管会有不被理解的时候,但王晨仍坚持自己的初衷。对他来说,最美好的事情就是帮助他人。

王晨的父母及外公外婆都是党员,从小父母就对他有着极为严格的要求。因为深受家庭的影响,在大学期间王晨有幸成为一名党员。王晨的父亲是体育本科毕业生,大学主修拳击,所以王晨少年便对拳击、散打等运动十分感兴趣。王晨继承的不仅仅是强健的体魄,还有正义感和疾恶如仇的性格。在父母的言传身教下,他有很高的觉悟,热爱祖国、热爱党,关心时事,拥护党的方针政策,关心他人,尊老爱幼,同时也继承了老一辈共产党员果敢、热心肠的美好品质。

王晨的学习不需要父母、老师过多的督促,他学习独立自主,上课认真听讲,课后会把作业高质量完成。除了学习能力强,他的工作能力也得到了大家的认同与赞许。

大学期间，他先后担任了学生辅导员助理、分团委副书记、2016级财务管理1班班导师助理。在工作期间，他踏踏实实走好每一步，不骄不躁，工作认真负责，协助老师管理，团结同学一起奋进。他获得"国家励志奖学金""衡阳师范学院优秀学生干部""暑期三下乡优秀个人奖"等荣誉。

在三年多的大学时光中，王晨不仅在学习工作中开阔了自己的视野，锻炼了自己的工作能力，磨炼了自身的意志，更明白了生活要充满正能量，也体验到了帮助别人时得到赞誉和夸奖的美好。他把"助人是快乐的"当作一种信念、当作一种心态。王晨给人印象最深的，是他优秀的品德，是他正义、勇敢的品质，是他热情、友善的心态，是他真诚、真挚的善举。他就是我们身边助人为乐、见义勇为的典型，是构建和谐社会的脊梁。

我们要做高山岩石之松，而不是湖岸河旁之柳，我们要在暴风雨中、在艰苦奋斗中锻炼自己，而不是在平平静静的日子里度过自己的一生。一生很短暂，我们都不希望自己的人生匆匆逝去，只留下一地无意义的灰烬。活出自己的精彩，有意义地度过每一分、每一秒，在升华自己的同时，甘于奉献，让社会变得越来越温暖、越来越美丽。

在成长的道路上，会存在很多未知的艰难，但这些永远无法磨灭王晨同学助人为乐的决心。那些他帮助过的人，想必会庆幸遇见了这么一个浑身散发着光芒的年轻人。王晨带给人们温暖与善良的力量，也愿这个年轻人身上的光芒能够传递给每个人。

博学篇

　　大学阶段，"恰同学少年，风华正茂"，有老师指点，有同学切磋，有浩瀚的书籍引路，可以心无旁骛求知问学。此时不努力，更待何时？要勤于学习、敏于求知，注重把所学知识内化于心，形成自己的见解，既要专攻博览，又要关心国家、关心人民、关心世界，学会担当社会责任。

　　——2014年5月4日，习近平在北京大学同师生代表座谈时讲话校训"博学",语出《论语·雍也》:"君子博学于文,约之以礼,亦可以弗畔矣夫。""博",丰富,取得、换得。"博学",学识渊博,知识面广。师"博学"为树人,生"博学"为立身。自孔子办私学至今,历代院校皆以"博学"为教育目标之要。如今作为社会主义事业接班人的当代青年大学生,更应该树立"博学而济天下"的志向。本篇主要展示我校2017年度、2018年度"榜样的力量"评选活动推选的"学习标兵"的优秀事迹。

字若流水　心比山高

——文学院　殷志远

殷志远，衡阳师范学院文学院2016级编辑出版学专业学生，担任衡阳师范学院长风书法协会会长，湖南省大学生书法联合会第十一届、十二届理事，曾荣获"全国大学生写作大赛"三等奖，在CSSCI、中文核心期刊《中国书法》独立发表了《陈寅恪手稿遗墨研究》一文，参与国家级"大学生研究性学习和创新性实验计划项目"——"船山文化资源整体性保护与开发研究"。

> 殷志远同学的书法作品曾得到著名书法家曾翔先生、崔向君先生、林乐伦先生和席志强先生等的赞赏和指点，他一有闲暇便练习书法，每日练习书法两小时以上。凭借这样的努力，他将实践与理论结合，于2018年5月在学校美术馆举办了首次个人书画作品展，并写出《陈寅恪手稿遗墨研究》一文，发表在了中国书法研究顶尖刊物《中国书法》上。他的优秀事迹被多家媒体报道，是我们学习的榜样！
>
> （2016级编辑出版学1班　穆韵伊）

> "泼墨造物，笔下生花"，殷致远同学自幼学画，初二时开始接触书法，大二时在CSSCI核刊上发表书法研究论文。八年的书法学习中，他在大多数时间里并没有名师指点，只是凭借自己对书法的热爱，常行精进，一直坚持到了现在。"你若有梦，哪里都不是远方"，相信凭借着这份努力和付出，他定能在书法彼岸开出更灿烂的花朵。
>
> （辅导员　刘涛）

以书言志,以画抒怀

"我宣布,士元书画艺术作品展现在开幕!"随着洪亮的话音落下,士元书画艺术作品展正式拉开帷幕。

5月7日至5月9日,这三天在其他人看来与往常并没有什么不同,但对于我来说却是一场意义非凡的盛典。伴随着古色古香的音乐,盏盏灯光投射出柔和的光线,缓缓地揭开了士元书画艺术作品展的神秘面纱。充满传统古韵和现代艺术感的书法、绘画、印章等作品,层次分明地陈列在展厅内,惊艳、赞叹是所有人的第一反应。这是属于我的首次个人书画作品展。我将自己的作品结合传统书画艺术与现代书画艺术的"散与整",接受现代艺术新思想的同时,也保留了传统艺术,并借此焕发了中国传统书画艺术的活力。

一笔一画总关情,此次展览呈现了我一路学习、探索、实践书画艺术的历程。书法作为一门艺术,记录了我的情感、品格、生活情趣等多方面的状态,每一幅作品都诠释了我一直以来的生命状态和艺术情操。对于书画展的起名我倾注了很多情感,"士元"是我的字,指的是士人中的第一名,也是我的名字"志远"的一半。在取名的时候,我的第一反应就是用这个。作品展圆满结束后,很多人问及作品的灵感来源,我微笑着说:"灵感是很奇妙的,可能我坐在火车上随意地往外看一眼,灵光一闪,一幅画作就诞生了。"我坚信,艺术来源于灵感,灵感来源于生活,生活来源于人生百态。但我也深知这离不开我一直以来在书法上的努力学习和不懈探索,或许这就是我的书画艺术作品量多而质优的原因所在。

沉浸墨香,书写人生

书法是纯粹的写字艺术,但在我看来更是写人艺术。我在书法的道路上走了八年之久,不管今后我的世界如何变化,这条路我是绝不会放弃的,我会一直不断地走下去,永不停歇。我终将在自己身上真正诠释"字如其人,表如其心"八个字。我自幼学画,从初二时起开始接触书法,之后便走上了学习书法的道路,从此练习书法便成为我学习生活中的第一兴趣爱好。不论是在学校,还是在家中,墨砚和毛笔常在我桌上安置着,只要有空,我就不断练习。对于书法的学习,我从未在专门的书法培训班里上过课,开始的很长一段时间里也没有得到任何专业人士的指导,我练就书法是通过不停地临摹、不断地钻研,"自学"成才的。在进入大学后,我接触到了更广阔的天地和更大的舞台,凭着自身的努力,我担任了衡阳师范学院长风书法协会会长和湖南省大学生书法联合会理事,在不断向外推广和传播衡阳书法文化的同时,我在书法方面也得到著名书法家曾翔先生、崔向君先生、林乐伦先生和席志强先生等的赞赏和指点。我深爱书法,曾经不下百次地通过打电话、发短信、使用社交平台等方式向先生们虚心请教,每一次谈话都使我上受益匪浅。

"当我们回首往事的时候,不因虚度年华而悔恨,也不因碌碌无为而羞愧。"梦想与奋斗无疑是青春最好的注解。细细回想大学的经历,印象最深刻的还是我写出了《陈寅恪手稿遗墨研究》一文,在投递这份倾注了我当时所有心血的论文之前,我没有想过去获得什么,只是想尽全力去表达我对书法的执着和热爱。在那段撰写论文的日子里,我曾分不清抬头遥望窗外看到的究竟是升起的旭日还是缓落的骄阳,每天只有满堆的资料和心中的热血做伴,因为热爱,所以坚持。

常行精进,天道酬勤。"你好,你的论文被我杂志社录用……"我收到这份消息的时候,好像所有的情绪都在向上翻腾,又似乎平静得很,我知道,这是我的努力得到了肯定和回报。一分耕耘,一分收获,最终我创作的《陈寅恪手稿遗墨研究》一文在中国书法研究顶尖刊物《中国书法》上发表。我深知自己的学术水平还远远不够,为了锻炼专业技能、提升专业素养,我在学习好专业课的同时,积极参与了国家级"大学生研究性学习和创新性实验计划项目"——"船山文化资源整体性保护与开发研究",不断锻炼自己的学术研究能力,积极撰写论文。在我心中,所有的荣耀和功名都已过去,我要戒骄戒躁,坚决做到思想不滑坡、信念不动摇、方向不迷失,踏踏实实地做好每一件事,学好每一份知识。

人如其字,君子慎独

为了更好地锻炼自己的能力,将自己的微薄光芒奉献给学校与社会,我积极参与并组织了一系列公益活动。2017年12月末,正当学校临近放假时,一个想法突然在我的脑海中浮现,学校好像还从没有举办过极具春节韵味的特色活动。我当机立断,决定在学校举行一次"楹联春、迎新春、送春联"活动。在来不及充分准备此次活动的情况下,我决定自行出资购买春联、笔墨等相关物资,同时,我还独自一人负责搬运桌子、携带书画工具等一系列杂事。那日,天朗气清,惠风和畅,我卷起衣袖,尽情为同学们书写着一幅幅寄寓着吉祥如意的春联和一个个充满希望的"福"字。泼墨挥毫迎新年,让新年祝福进校园,我希望同学们即使离家万里,也能提前感受到浓浓的年味,同时也增进他们对楹联文化的认识。

  我经常诵读历代爱国人士的著作，学习前辈的铮铮风骨，严于律己，谨记"君子慎独"。我深知"黑发不知勤学早，白首方悔读书迟""不经一番寒彻骨，怎得梅花扑鼻香"的道理，始终秉持积极的学习态度，拥有积极向上的心态，保持谦虚谨慎的作风，坚持永不服输的精神，努力学习。我对自己从严要求，给自己加压力，抽时间、挤时间学习。课内集中精力，学习时全神贯注；课外充分利用课余时间，充实自己，努力培养自己多方面的技能，坚持文学与艺术并进的梦想。曼德拉说过："你若光明，这世界就不会黑暗。你若心怀希望，这世界就不会彻底绝望。你如不屈服，这世界又能把你怎样？"就如同我们现在正拼搏奋斗的人生，你若心中有梦，并为之努力，那这世界又能把你怎样？最后，我们都会获得成功！

躬行实践　力学笃行

——音乐学院　胡京

　　胡京，衡阳师范学院音乐学院2015级舞蹈学专业学生。曾在"第六届湖南省艺术节"凭借女子群舞《莫傜女》荣获舞蹈组金奖，此外，还获得"湖南省第四届普通高校音乐与舞蹈本科专业大学生三独比赛"独舞组古典舞二等奖、"湖南省第五届普通高校音乐与舞蹈本科专业大学生三独比赛"独舞组古典舞二等奖。

> 　　在学习中，胡京是一位好的学习搭档。她给人的印象一直都是专注、努力、勤勉。在课堂上，她总是最认真的那个；在课后，她会靠自己的感染力，带动身边的同学一起学习，与大家一同进步，一起成长。在生活中，她又是一个亲和力十足的朋友。活泼、开朗、有趣是我们给她的标签。在与她接触时，我们都会备感舒服。总而言之，在大学生活里，能与她相识、相处，是一种幸运。
>
> 　　　　　　　　　　　　　　　　　　　　　　（2015级舞蹈学1班　夏彬）

> 　　"天下事有难易乎？为之，则难者亦易矣；不为，则易者亦难矣。"舞蹈，很难。胡京却毅然决然地在这条路上前行，没有抱怨，不惧挫折，只是默默地努力着。而时光也给了她最好的回报。"越努力越幸运"，穿过漫漫长夜，渡过湍急河流，相信她终将在人生舞台上绽放出更为夺目的光芒。
>
> 　　　　　　　　　　　　　　　　　　　　　　　　　　　（辅导员　王江南）

满船清梦书中寻

　　一曲熟悉的《宫·飞燕》响起，我看着镜头下的舞者，身姿婀娜，步步生莲，正琢磨着如何更好地舞出飞燕掌上起舞的轻盈飘逸之感时，一句"胡京，准备好了吗"将我的思绪拉回宣传片拍摄现场。是的，我又一次有幸作为舞蹈学专业的代表参与校招新宣传片的拍摄,只是与第一次跳维吾尔族小群舞时不同的是,这一次的拍摄让我回忆起了大学时一路走来或欣喜、或心酸,或光鲜亮丽、或不为人知的种种经历,最终我又将这些情愫揉进"值得"二字之中。

大学就是座象牙塔,是一个以自主学习为主的阶段。在这个较为安逸自由的环境下,人各有志,而我则觉得学生要以学习为主,因此选择把学习放在第一位。带着明确的学习目的,我不断总结学习经验,改进学习方法。时间流逝,岁月沉淀。大学四年下来,看到班级排名第一这一理想成绩时,内心便觉充盈;连续两年荣获一等奖学金并荣获校学习标兵荣誉,也更让我笃信有付出便会有收获,越努力越幸运。

纸上谈来终觉浅,绝知此事要躬行

有人问我,大学时的种种经历给予了我什么?

我想说,它们给予我的不仅仅是书中的知识,更多的是将知识与实践相融合的能力,是在实践中学习的能力、忍耐的能力、创新的能力及团队合作的能力。

"纸上谈来终觉浅,绝知此事要躬行。"这两句古诗大家都耳熟能详。在专业学习过程中我也意识到实践的重要性,于是选择将所吸收的知识应用于实践。

凭借着16年来对舞蹈的坚持与热爱,我积极参加学校各类大型文艺演出活动。在元旦晚会上我领舞《我心飞扬》,在三独音乐会上我跳了古典舞《吉祥天》;作为校军乐队团指挥参演开幕式活动……在参加活动的过程中,我享受舞台,体会快乐,收获了一群志同道合的伙伴,同时也感受到了团队合作的力量。

兴之所至,尽其在我;一心践行,以行见心。在"第六届湖南省艺术节"省赛临近时,我的左膝盖因训练过度而导致半月板撕裂,医生叮嘱近期不能做剧烈运动,需要休息,一旦恶化,要动手术。但训练时间紧迫,队友们还在争分夺秒地排练着。我在经过内心的一番挣扎之后,为了团体的荣誉,也为了完成自己熠熠生辉的舞蹈梦,我选择了继续训练,过程虽苦,但我学会了苦中作乐。最终,我们不负众望,在比赛中凭借女子群舞《莫徭女》荣获舞蹈组金奖。有时候人不逼自己一把,都不知道自己能走多远、能否一路走到底。

孑然一身,踽踽独行

有时候人生是一次"孑然一身,踽踽独行"的旅行,我只能凭借自己的一腔热血,孤独地拼搏,全力以赴。在参加"第五届普通高校音乐与舞蹈本科专业大学生三独比赛"时,我选择了独舞并荣获了二等奖。我清楚地记得备赛训练期间,早出晚归是常态,白天在舞房找老师规范动作,因为是独舞,担心打扰到别人,晚上我又会找一个安静的舞房独自训练2~3个小时。疲惫从未停歇,衣服也总是在湿与干两种状态间来回变换。在舞蹈室我会忘记过去的自己,去做新的自己。"享受舞蹈,自然舞动、放松舞动,去感受自己身体的力量,能小动绝不大动,能不动就不动,同时带入情感,在最舒适最自然的状态下去跳舞,而不是机械地做动作,要深入地领悟动作的来源及其背后的含义。"

因为热爱,我选择坚持。把热爱转入实践当中,一个人的坚持或许总是默默无声的,但这些经历会在日积月累之后刻在骨子里,透露在一言一行之中。岁月迂回的巷陌,月迷津渡;百转千回的梦想,无怨无悔。

心有所笃　路无荆棘

——教育科学学院　茹凯力

茹凯力，衡阳师范学院教育科学学院2016级应用心理学1班学生。曾获得校特等奖学金、校年度学习标兵、校级"三好学生"等奖项。

> 茹凯力在学习上，能够积极进取，勤奋努力，成绩和综合测评总是保持年级第一，在2018年被评为"十大学习标兵"，是我们教育科学学院的骄傲，值得我们学习。她对待每一件事细致且精益求精，有自己的学习方法，各科考核和资格证考级等都能一次性通过。
>
> （2016级应用心理学1班　何振芳）

> 质朴、勤奋、热情、开朗，是这个女孩给我的印象。通过孜孜不倦的学习、勤奋刻苦的钻研、积极有益的尝试，茹凯力同学掌握了三把钥匙——专业知识、实践能力、身心素质，人生也更为笃定。人生不易，前路漫漫，但只要手有明灯，就定会点亮前方光明之路！
>
> （教育科学学院党支部副书记　罗耒英）

对知识的渴望带领我走上学习之路

2016年，我追随着夏天的尾巴，从浙江省舟山市来到了衡阳师范学院教育科学学院应用心理学1班，那年即将19岁的我，心里怀揣着对知识的渴望，开始了求学逐梦之路。如今，即将22岁的我，心里充满了对未来的笃定。

"怎么样才能做到博学？"我经常反复问自己。"志存高远、脚踏实地，做国家的骨干和栋梁"这句话总能在我的脑海之中浮现，让我幡然醒悟，原来博学是遵循严谨的求学态度，脚踏实地，积极学习理论知识，并且灵活运用所学知识于实践之中。

我深刻地明白，作为新时代的大学生，过硬的专业知识是打开成功大门的第一把钥匙。为了顺利拿到这一片钥匙，在专业知识学习中我总是对自己高要求，希望自己能够合理利用学习时间高效学习。在我的努力下，我始终在班级保持第一名。

皇天不负有心人。在大学学习的两年里，我考取了国家计算机一级合格证书、二级优秀证书，普通话二级甲等证书，英语四级、六级证书。现在大三的我正在为考取中学教师资格证努力。此外，我也多次获得其他学习方面的荣誉：2017年，我获得年度学习标兵提名、"三好学生"荣誉称号；2018年，我获得了月度"学习之星"称号。我可以自豪地说，第一片钥匙已握在手里。

对知识的实践陪伴我寻找前进的路

古人云："实践出真知。"我认为不仅要博学，而且要能够运用自己的所学去解决生活中的问题，并且在别人遇到困难时，能够适时提出建设性意见。而这也恰恰是打开成功之门第二把钥匙。提到将知识用于实践的经历，我印象最深的就是催眠课程和团辅课程了。

初次体验催眠是人桥的学习。人桥一般被当成催眠秀，老师以人桥为引子，激发了我们求知的欲望。在做人桥之前，设定一个目标，过程中，将目标植入潜意识。在这项体验中，我一直认为自己有足够强的意志，可以不被催眠。但实际上，催眠是个合作的过程，是和催眠师达成的协议；会让我们在被他人催眠中，学会坚持，学会坚守自己原先的承诺，更好地接纳自己，接纳那个真实的自己；允许自己出错，允许自己思想上不完美，允许自己能力有限。当体验结束后我明白了，以前害怕体验失败，都是源于不自信。催眠成功后，我真正感受到了对自己接纳度的提升。

随着课程的深入，催眠的神秘面纱被揭开，我一步步走近了它，从最开始的做自我介绍、解释催眠、创建催眠的信念结构，到最后学会"手贴脸"物理引导技术、"手臂掉下"加深技术等。我也在自我觉察中，对自己的心灵更加了解，感觉更加直接，精神世界更加具有正能量，想要帮助别人以及让自己更好成长的欲望也更加强烈。孔子说"一日三省吾身"，而通过催眠课的学习，我才真正地理解了"省"的内涵，对以后的学习之路，有了很大的启发。

如果说催眠是对自己内心的体悟，那么团辅课让我感悟到团队合作的力量。团体心理辅导，是在团体情境中提供心理帮助与指导的一种心理咨询与治疗的形式，是一种预防性、发展性的工作。通过采取团体心理辅导的形式，面向全体学生并积极关注每一个人的心理健康。在帮助那些有着类似问题和困扰的人时，让团体来陪伴成员在人生路上克服种种困难和障碍，积极快乐地踏上成长之路。

在正式开展活动时，我作为成员，和组员一起积极配合领导者。团辅中的团体成员，在充满安全、支持、信任的良好的团体气氛中，通过示范、模仿、训练等方法，促进了相互间的理解。在团体中，不论交流信息、解决问题、探索个人价值，还是发现共同情感，成员间都提供了更多的观点和理解。

生命在于体验。本科心理学专业的学习生活，让我对心理学这门学科有了进一步的认知，学会了更好地感悟生活中的真善美，遇见了未知的强大的自己，知行合一。当知识变成实践成果的那一刻，那片钥匙也被我牢牢攥在手心里。

对知识的追求承载我对未来的梦

"博学"不是一个结果，而是一个过程。这个过程很长，贯穿了我的一生。除了专业知识和实践技能，个人素养同样是博学的体现。因此我很注重个人素质的提高，我认为，要成为一个紧跟时代的青年，除了要有深厚的文化知识功底，也应该具备良好的心理素质和人际关系。而这也是打开成功之门的最后一把钥匙。大学三年来，我时刻保持自我反省的习惯，愿意尝试，热爱未知的挑战，不惧怕风险与失败。在自我鞭策与各类学习机会锻炼的结合中，我拥有了健康的心理素质、积极乐观的人生态度，能够系统地安排时间并达成目标，也成了一个有自我约束力的自强型、开拓型大学生。

在今后的人生道路中，我依旧会"活到老，学到老"，肩负着自己的梦想与亲人的期望，在未来的工作中一直勤奋努力并取得值得自豪的成绩。我相信，没有一颗珍珠是通过别人的擦拭开始发光的，一步一个脚印走出来的人生才能坚实笃定。

兴之所至　尽其在我

——经济与管理学院　周雨霏

周雨霏，衡阳师范学院经济与管理学院2017级国际金融与贸易专业学生。荣获2018年、2019年连续两年"湖南省大学生电子商务大赛校级赛暨衡阳师范学院大学生电子商务大赛"二等奖，2017—2018学年、2018—2019学年"三好学生"，2017—2018学年国家奖学金、校一等奖学金，2018—2019学年国家励志奖学金等奖项。

> 雨霏待人真诚、纯真，哪里有她哪里就会有笑声。她一直是我们寝室最忙的，总是最早出寝室最晚回寝室。有时候忙着学生会的工作，有时候会在悦读吧自习。我们问她身兼多职是否辛苦时，她说："世上没有一份工作是轻松容易的，辛苦的同时自身的价值能够实现，那就是值得的，即使辛苦也是快乐的。"
>
> （2017级经济学1班　谭骄阳）

> 初见周雨霏，柔弱、话不多。慢慢熟络以后，才感受到她的认真与执着。"没有最好，只有更好"，正是在不断挑战自我、超越自我中，她一步步成了今天的分会副主席。努力做好每一天的自己，让梦想成为你前行的动力，心中充满能量；愿风雨兼程的你，终有一天追上心中的梦想。
>
> （辅导员　李翠）

"下面这位学习标兵，面对学习，她甘之如饴……"在"榜样的力量"颁奖典礼上，主持人铿锵有力的声音回响在我的脑海里，久挥不去。当鲜花和奖杯被递到我手中那一瞬间，镁光灯聚焦，台下掌声四起，眼前的一切仿佛都在和我说，这不是梦。这一刻我不禁想起过去种种，一帧一帧，历历在目。

我出生在一个普通的家庭，从小到大，做一个博学的人成了我的人生目标。我认为博学，是怀着"兴之所至，尽其在我"信念，带着紧迫感去学习、去工作，追求极致。

至今我仍清晰地记得决定加入学生会的初衷——在权衡学习和工作之间找到紧迫感，促使自己加倍努力。我明白，加入学生会会占用一定的时间，但从另一方面来说，我也认为它是可以促进学习的。我反复告诉自己，物竞天择，适者生存，想得到锻炼，除却工作时有责任心，还需要加倍学习，因为学习太差会被淘汰。于是潜意识里多了几分紧迫感，使我不得不走出舒适圈，改变自己，提升自己平衡学习与工作的能力，培养过硬的心理素质。

时间流逝，日积月累，当负责逐渐成为一种习惯，当自己面对问题不再浪费时间争辩，当自己逐渐学会权衡个人与集体的利与弊，在一定程度上牺牲自己为集体服务时，就会充满价值和成就感，认为所有的付出和坚持都是值得的。

初入大学，我便开始有意识地找寻"术业"中人无我有的核心竞争力。在大学，我就读经济学大类国际经济与贸易专业，这个专业虽然涉猎广泛却不够精深，于是除去学习学校开设的专业课程，我也会通过中国大学慕课网、各大财经大学官网等平台更加深入地了解专业知识，拓展专业格局，逐渐明确自己的"兴之所至"，明确自己的职业规划，博学之，审问之，慎思之，明辨之，笃行之。

渐渐地，我开始意识到英语是极其重要的，然后我设立了一个目标——通过剑桥商务英语（BEC）考试，我开启了英语学习的旅程，日复一日坚持阅读英文外刊，练习口语，主动输入，主动反馈，长期下来，我养成日常阅读一些与专业相关的英文文献的习惯，比如《经济学人》《纽约时报》《卫报》等。

"纸上谈来终觉浅，绝知此事要躬行"是我在专业学习上一直秉持的理念，在实践中健全知识储备体系是我的学习方法之一。大学期间，我积极参加各类创业竞赛、科研竞赛等，在一次次组队、备赛、成果展示过程中，我感受到，获得的成就是与我了解的知识成正比的，团队合作的力量同样是不可小觑的。对于参加创业计划类竞赛，我认为仅凭一份商业计划书是不够的，要尽可能地选择可实践的、有成品的项目。总而言之，有一些道理，实践了才会知晓。

我认为学生会在各大学生组织中，是职能最综合、接触范围最广泛的组织。加入学生会的每个人都会在此成长阶段中受益匪浅。

作为第一任学生会女副主席，我上任的时候有压力是必然的，但我相信"寸有所长，尺有所短"。学生会副主席工作不一定只有男生才能做好，更要看个人的能力和气场。女生更富有亲和力、更细心，在生活或工作上能更好地与老师、学生干部沟通，把每一个细节都做好。我特别喜欢经济与管理学院这个集体，喜欢跟大家把每一场活动办得尽善尽美。每次与分管的部门沟通时，我总会根据管理学课程中的知识点从多方面安排工作，我也不希望她们太忙、太累，会主动去多承担一些工作。我认为，在荣誉面前强调"我们"、在责任面前强调"我"的管理者，才是优秀的管理者。

我喜欢一群人朝着一个目标，一路冲关打怪；喜欢幕后工作，喜欢提前把一切大事、小事都安排妥帖。校运会期间，为做好后勤保障工作、处理突发事件，凭着不多的工作证在体育中心比赛场地里跑过了一个又一个 800 米，虽然疲惫但也幸福；在本科教学评估前，一有空就跟老师去查课、查寝，整顿学风、宿风，发现问题、解决问题；在经济学专业宣传视频拍摄时，所有工作人员为了找一个好的角度、好的背景而尝试了一次又一次，大家把力所能及的事情做到了极致。

　　从大一的干事到大二的副主席，不同的位置会有不一样的思考，不同阶段会有不一样的任务，但不变的是"想把事情做好"的初衷。种种历练也使自己的思维潜移默化，看待问题的角度更广、思考的方面更多，更能理解管理的科学性和艺术性。

　　任职学生会岗位，于我而言也是一个不断尝新的过程。随着平台的延伸，我带着对新事物的好奇，以及"很多事情不是因为会才去做，而是做了才会"的心态，接触了很多新鲜的东西，以及优秀的同学。在同其他学院的学生交流时，往往会看到他山之石，取长补短，不断完善自己。

　　我一直笃信，优秀的学习成绩是成功的基础，要脚踏实地地去拼搏。博大亦应精深，知行确能合一。在无限可能的美好时光里，不负韶华，不问收获，但问耕耘。笃信功夫不负有心人，越努力越幸运。

续人生精彩　丽质自温暖

——外国语学院　魏续丽

魏续丽，衡阳师范学院外国语学院2016级商务英语2班学生。曾荣获2017年全国大学生英语竞赛校二等奖、2018年"外研社杯"全国英语阅读大赛校一等奖、2018年"外研社杯"全国英语写作大赛校二等奖、2018年"普译奖"全国大学生翻译比赛优胜奖和2019年全国高校创新英语挑战赛三等奖等奖项。

> 在学习上，魏续丽同学非常认真刻苦，大学三年以来几乎从未出现过迟到、缺课的现象。在课堂上，她与老师的频繁互动总是能够带动班级的学习氛围，在课余时间也总是能够看到她在教室默默自习。她的成绩一直是我们班第一名，拿过很多奖学金，是大家公认的"学霸"，大家都以她为学习的榜样。
>
> （2016级商务英语2班　熊静）

> 每个目标的完成都离不开坚持，任何的进步成长都需要积累。从默默无闻到独当一面，魏续丽同学的成长故事让我们看到了努力与坚持的价值。虽屡战屡败，但屡败屡战，正是那种不服输的精神，让她愈挫愈勇，让她的青春故事越发精彩。人生漫漫，不会总有晴空万里，唯有努力与坚持，微风才会吹散云层，露出阳光，前方景色也将越发明媚。
>
> （辅导员　邱国周）

博学而得智慧，博学而明事理。我深深地记得奥斯特洛夫斯基在《钢铁是怎样炼成的》中的名句"人最宝贵的是生命。生命对于我们每个人只有一次。一个人的生命应当这样度过：当他回首往事的时候，他不因虚度年华而悔恨，也不因碌碌无为而羞愧"。一直以来，我从未停止过对学习的追求，从未停止过追寻美好事物的脚步。博学是一种坚持，在任何值得努力的事情上，坚持到底。

学业有成是我的重要目标。从初入大学的迷茫困惑到现今的轻松应对，是我在学习过程中不断探索的成果。在探索大学学习的道路上，我学会了制订一个又一个目标，制订合理的计划，成功考取普通话二级甲等证书、国家计算机二级证书，大学英语四级566分、六级621分，专业四级良好通过。我曾为了这些奔波于宿舍与外语楼的自习室之间。我热爱书本上排列得整整齐齐的英文单词，也热衷于做电脑硬盘里的每一个文档表格练习题。我觉得学习就好比追星，不同的地方就是学习是为了收获专业知识，而追星是为了从明星身上收获自己在意的东西，2019年，我被推荐参评国家奖学金，所以我坚信努力终有回报，坚信这些都是我成为自我理想模样的必需品。好的成绩证明了我被他人肯定，让我收获了自信。

"走出去"发现自我是值得坚持的。我在不断探索的过程中，找到了适合自己的学习与生活方式。我始终相信"能量守恒定律"，秉持高效率原则，学习时做到专注集中，适时劳逸结合，热爱并且享受生活。学习之余，我体验了教师类的兼职工作，这不仅使我所学内容得到了运用，而且巩固了我的知识基础。我也参加了"保卫湘江河"、交通劝导、"湖南省第十三届运动会志愿者"等志愿活动。有付出就有回报，通过接触各式各样的人，我学会了如何与人交流、相处，更加深刻地理解了担当、付出与责任的含义。同时，我也是Bling的成长信使，通过书信的方式帮助贵州的孩子解决学习和生活上的问题。另外，我对一切看得见的机会都比较敏感，努力抓住机会不断增长阅历，我参加过双语辩论赛、创新创业大赛、英语戏剧比赛、商务实践大赛等，也获得过征文比赛一等奖、英语阅读大赛一等奖等荣誉。

"鱼和熊掌兼得"，即兼顾工作与学习是我努力做到的。大一的时候，我很幸运地成为外国语学院"荷韵记者团"的记者。刚开始时不管我怎么改稿子，总是达不到想要的样子，不会恰当运用词语，想半天也憋不出几句话，当时挺崩溃的，熬夜工作到很晚，第二天还得早起上课并且保持充沛的精力，那段时间觉得很疲惫、很有压力，产生过是否学习与工作不能兼得的迷茫。但我是一个不服输的人，慢慢地，我开始重新安排和规划工作和学习，在变得细心的同时，写作能力得到了提升，工作效率也自然而然地提高了，还养成了拟订短期目标和长期目标、拟订学习计划与工作计划的习惯。最后，我还被评为了"优秀记者"。这更让我相信，坚持努力总会有收获。从大二到大三，我连任了班级团支书。任职期间，我会在平时或者考试前给班上同学提供自己总结的知识重点、复习建议，召开考前指导班会等。而班集体也取得了不错的成绩和荣誉，如校先进班集体、院十佳优秀班级、校运会优秀集体等，班级同学在英语四级考试中也有较好的成绩。我的管理能力得到了锻炼，更好地协调了学习与工作，与班级同学逐渐由不熟悉到打成一片，大家时常亲切地称我为"支书"。在2017年，我被评为学校"魅力团支部书记"。

在挫折中学习并进步，是我对"学习"二字的另一种理解。印象中比较深刻的是大一时第一次参加计算机一级考试就失败而归。事后我反思了很久，为什么难度并不大的计算机一级考试都没有通过。我意识到，其实我没有认真去为考试做准备，这才是导致这次考级失败的关键。我自认为计算机一级题目简单，觉得靠自己对电脑知识的掌握就可以解决，说到底，是抱有侥幸心理的。这次小失误让我更加清楚地知道，要多给自己一点成长的机会，面对人生的挫折时要有海明威笔下的硬汉老人那种永不服输的态度。偶尔经历小挫折时，不要怀疑自己的能力，而是要改变自己的方式，经常告诫自己：当你的才华支撑不起自己的梦想时，就要保持一路向前的勇气。我喜欢用一些很励志的话来激励自己，"心灵鸡汤"对于我来说，可以督促我继续前行。

每一次抉择都是成就自我的一种坚持。有很多人会觉得我学习成绩还不错，以后一定会考研。恰恰相反，我从来都不愿意将自己局限于某一个固定的圈子里。我希望自己可以做出更多不同的选择，去发现更好的自己，实现更多的价值。我选择了在大四这一年前往马来西亚沙巴大学当交换生。我认为自己需要更多的实践，这个决定是我迎接更好的未来的奠基石。我明白前往异国学习需要更强大的心理承受能力和自制力，但是只有广泛而深刻地学习，不断认知自己、认知世界，才能成为自己最渴望的模样，我只想继续坚定而有力地走在自己选择的道路上。

以前总有同学问我："你这样不累吗？不辛苦吗？为什么不让自己轻松一点？"我的回答是："我不觉得累，我不会放弃每一次成长的机会。只要能够给我带来经验和智慧，我都乐意去学习。"我也希望做事不要只感动自己。拨开层层迷雾，我在无止境的学习中找到了更好的自己。我既会不忘初心，牢记过去的一切，也会保持自信与理智，珍惜现在，在未来续写属于我的精彩人生。

精神之火　生生不息

——信息工程学院　舒海平

舒海平，信息工程学院2015级电子信息工程专业学生。大一任职办公室助理，大二任职学习部副部长。曾获校"乐帆杯电子程序设计大赛"二等奖、"第十七届大学生课外学术科技作品竞赛"一等奖、"大学生计算机程序设计竞赛"优胜奖、"第十八届大学生课外学术科技作品竞赛"三等奖、"第一届中国大学生'互联网＋'工程实践创新大赛"三等奖。

> 这么多次比赛，让我印象最深的是和舒海平同学去南京参加"全国大学生通信网络部署与优化大赛"全国总决赛，需要在四个小时内完成三个市的网络部署、开通与优化任务，计算量和工作量都非常大，而且竞争对手是来自"四邮四电"这些专业性很强的大学，要求高、任务重、时间紧。我们整个暑假都在进行针对性的训练，在比赛中密切配合，争分夺秒，最后获全国三等奖。经过这次比赛，我从他身上看到了很多优秀的品质——坚持不懈、认真思考、严格自律、吃苦耐劳。他是一个积极向上又充满自信的人，无论遇到多么强劲的对手，也一定会努力奋斗、坚持到底。因为在他的认知里，不到最后一刻，永远也不知道结果，一切都有赢的可能。
>
> （2015级电子信息工程2班　吴思雨）

> "一定是那些艰难的时刻成就了我们"，天赋不足就以勤补拙，能力不够就实践积累，命运不公就和它斗到底，最终人生将对你温柔以待，这就是我们的舒海平同学。那些在暗夜里一边跟自己说"加油"一边往前走的日子，多年以后必将成就他。愿他带着心中的理想，砥砺前行，一步步走向人生的美好。
>
> （学工办主任　资禹剑）

顽强的种子在夹缝中也能茁壮生长

我就读于我们镇上的高中,一个年级只有一个理科班,三十几个人,可以说是湖南最小的高中了吧。我们中学很少有考上本科的。2015年高考时,我的分数是454分,当年湖南本科二批的录取分数线是455分,我离上二本院校还差一分,但因为我是少数民族而且在少数民族聚集地,因此加了20分,刚好超过衡阳师范学院录取分数线。当别人还在说发挥失常没考好时,我却非常珍惜能够来衡阳师范学院上学的机会。作为工科专业的学生,我也深知实际操作能力的重要性。因此,在学习专业知识的同时,积极参加各项课外活动,将专业知识付诸实践。在通过大学英语四级以及计算机二级、三级、四级考试后,积极参加各种竞赛活动。

古希腊哲学家芝诺说:"人的知识就像一个圈,圆圈外是未知的,圈内是已知的,你知道得越多,你的圆圈就会越大,圈的周长也就越大。于是你与未知的空间接触也就越多。"越学越觉得自己懂得太少,但勤能补拙,对我来说,勤奋学习成了一种习惯,很多事情不是尽力就好,要做就做到100分。我知道我想要什么样的人生,所以清楚现在要付出什么样的努力。我能取得现在的成就,比勤奋更多的是珍惜,珍惜上大学的机会,珍惜每一次提升自己的机会。

越努力才越有可能

博学更是一种不断探索、勤奋多思的态度。我的大学生活除了学习还有一个重要的组成部分——工作。每一个职位都是一种挑战和突破。我很享受在学生会的工作,可以和很多优秀的同学一起做事,既可以服务同学,又能写策划、做有自己想法的活动。但面对繁重且杂的工作任务,我也会经常想,能否用自己的专业知识简化工作流程,让数据多计算、多跑腿?之前在学院学习部工作时,一直思考着能否开发一款用于在线登记违纪名单并且集学生信息管理于一体的综合服务平台。经过几个月的开发,目前,平台已实现基本功能,正在进行一些更深层次的开发。

我在大三这一学年考试中,学习成绩排在本专业第一名,获2017—2018年国家奖学金。同时,尝试了自己没有接触过的领域,有很多意想不到的收获。现在我在学习医学、设计、人工智能等方面的知识,因为这些知识和我们的日常生活密切相关，能够解决很多生活中遇到的实际问题。最后，要将自己的想法付诸实践。我因为在其他大学校园迷过路，回校后，自主设计开发了衡阳师范学院校园导航微信小程序，实现了本校地点分类实时导航。同时，还申请了计算机软件著作权两项、实用新型专利一项。

实践是对知识最好的应用与巩固方式，若能将学到的知识转化为能力，想必会极大地提升职场生存能力和人生质量。正因为这个想法，我多次参加比赛，努力去实践所学知识。在这个过程中难免会遇到很多难题，会时不时发发牢骚，但从没想过放弃。一个技术难题，也许要连着搞一个多星期才有头绪，简直是心力交瘁。老师能帮助的只有指明大部分课题的方向、做宏观的指导，具体的设计及代码是需要自己做的。我还记得2016年的暑假，我们几个人在理科楼的实验室里做项目、做设计，当时是有抱怨的，不过还是坚持了下去。现在想来，许多基础是在那时候打下的。我一直都相信一句话：你走的每一步，都算数。所以说，我们在做某件事的时候，可能并不会有立竿见影的效果，但以后慢慢就会看到它的作用。

热爱生活，享受阳光，砥砺前行

我出生于一个美丽但贫困的瑶族乡村，生活的艰辛造就我吃苦耐劳、自立自强的优秀品质。热爱生活，享受生命里出现的一切，将生活的频率把控在自己手中。向向日葵学习，努力向上，享受阳光，茁壮成长。我坚信，命运是掌握在自己手中的，未来要靠自己去开拓、去争取。一个人不管曾经取得怎样的成绩，都只代表过去，一切成绩终究都成为浮云。

求学路上，永远有更高的追求，也有更加艰难的挑战在等着我。经历是一笔宝贵的财富，会让我成长得更加从容；而自律是一把成长的戒尺，会让我变得更加优秀。学如逆水行舟，不进则退。只有不断地努力，才能取得更优异的成绩，才能创造更好的未来，才能成为心中向往的那个英雄。时间还在继续，生活还在进行，拼搏和努力也将继续。

试上高峰窥皓月

——数学与统计学院　钟文彬

钟文彬，衡阳师范学院数学与统计学院2015级数学与应用数学专业学生，曾荣获2018年"第十届全国大学生数学竞赛"湖南省三等奖，2017年获衡阳师范学院"十大学习标兵"荣誉称号等。

> 钟文彬一直在各个方面严格要求自己，始终以提高自身的综合素质为目的，以个人的全面发展为奋斗方向，积极进步，勤奋学习，认真工作，朴素生活。无论是在学习、工作还是日常生活中，钟文彬都坚持要向前看，没有被眼前的困难吓倒，一直以乐观、积极向上的态度生活着。
>
> （2015级数学与应用数学1班　廖翊雄）

> 赞赏努力时的你，哪怕努力并不一定能换来什么。我们每个人之所以努力，都是为了能用自己喜欢的方式去度过完整的青春时光。青春多样，各有滋味，钟文彬同学以努力与拼搏书写了自己别样的人生。"关山初度尘未洗，策马扬鞭再奋蹄。"愿你勇往直前，活成自己想要的样子。
>
> （学生辅导员　周长恩）

落笔成书，努力拼搏

时间，既看不见，也摸不着，却在悄然流逝。眨眼间，我的大学生活已然结束了。在这个美好的地方，我学会了独立，学会了坚强，学会了做人，更懂得了如何接受成功和失败，如何看待现实和未来。没有什么可惜不可惜，只有现在有没有努力。当努力到撑不住的时候，我大声地对自己说"我好累"，却永远不会在心里承认"我应该放弃"。我要努力学习，不断拼搏，做更好的自己。我想，这种执着的态度，坚持不懈的探索，解除自己内心中的困惑，就是博学。

进入大学校园的那一天，我提笔写下对未来的期许，我要努力学习，不辜负家人的期望，不负自己的青春时光，一天比一天优秀。落笔成书的那刻，我仿佛穿越时空看到了未来的自己，那个青春洋溢、努力拼搏、闪着光芒的女孩，就是我希望中的模样，亦是我不懈追求的形象。我向未来的自己立下誓言，要在之后的大学生活里更加刻苦、更加努力，让自己的大学生活丰富多彩。我要以高标准的要求鞭策自己，积极投身于学习生活之中，勤奋学习，认真工作，生活朴素。

　　既然选择了远方，便只顾风雨兼程。在我看来，学习没有捷径，只有努力，你只管努力，其他交给天意！努力学习，说起来容易，但真要做这件事并不轻松。翻开跟随了我大学四年的随身小本子，在上面我看到了自己刻苦拼搏、努力学习的印记。厚厚的小本子上密密麻麻地记载着我在大学时期的每一次考试成绩，还有我对自己每一天所定下的学习计划。从此，食堂、教室、寝室三点一线的学习状态成了我生活的全部。每天，我待在阅读吧和教室里学习的时间超过了待在寝室休息的时间，我在日程上的安排不是以天或小时计算，而是精确到了分。在别人为课程作业烦恼时，我甚至已经把一本厚厚的教材看了不止两遍。这个时候的我，一点都不觉得苦，白天认真上课，仔细做好笔记，晚上就开着小台灯在床上继续看书做题，直到把当天的任务完成为止。学习时间就像海绵里的水一样，只要想学，怎样都是会有的，我奋力抓住一切机会和时间，去学习、去钻研、去拼搏。在高强度的学习、不懈追求下，我也有了属于自己的收获，学习成绩一直名列前茅。

心有所往，终至所归

　　当然，生活是由白昼与黑夜组成的，万里晴空只占了一小部分。我在学习中也遇到过挫折。一次英语等级考试，让学习成绩优异的我头疼不已。记单词，练专项，做试卷，日复一日地重复学习，哪怕我及时调整了自己的学习方法和作息安排，枯燥、乏味、无趣的消极情绪仍不曾停息，我想放声大喊"我好累"，可我深知我永不会承认"我应该放弃"。正是自己的不放弃、不满足，鞭策着我朝既定的目标不断砥砺前行。我坚信这样一句话："你的心血和时间不会白白浪费，它们一直都在，它们能量守恒。你用了什么样的心就会开出什么样的花，就会得到什么样的果。"经过数月如一日的奋斗，很快，我用努力和汗水证明了自己，我的英语实力大增，先后顺利通过了英语四六级和计算机二级等多项考试。

　　我把每一次挫折当作考验，把每一次挑战当作机遇。数学，是我从小就热爱的，即使上了大学，学习生活忙碌，我也从未停止对数学的探索和追求。得知可以参加全国数学竞赛,我很兴奋,这不仅仅是一次展现自己在数学方面的能力的机会,也是和许多热爱数学的同学的一次交流和碰撞,所以,我对这次竞赛十分重视。在准备比赛的那段日子,我每天捧着数学竞赛书,研究每一道题。对于每一个解题的方法和思路,我都会反复琢磨,不断探索,直到熟练掌握为止。笔记和草稿堆积得越来越高,越过了我的肩膀,超过了我的头顶。一分耕耘,一分收获,"荣获第十届全国大学生数学竞赛湖南省三等奖的有,衡阳师范学院钟文彬……"在紧张的比赛结果公布现场,得知获奖的那一刻,我真的很高兴、很激动。我的每一次努力,都在为我的生命增添新的光彩。

每一次挫折和挑战过后,我都会深深地思考,重新认识自己未来的路。在大学四年的青春时光里,我勇敢地去憧憬、去奔跑、去尝试。在这个世界上,每一个人的梦想和痛苦都是冷暖自知。抓住了自己的梦想就不要放手,用尽全力去做成一件了不起的事。将来的某一天我们终会明白,没有哪一段努力会被浪费。正因为走过的那些路、受过的那些挫折和磨难、挥洒过的那些心血和汗水,我们才成为这个世界的奇迹。而那些经历过的痛苦,也最终成为我们手中发光的珍珠。越努力也就越幸运,也越能成为更好的自己。

生如逆旅,一苇以航

家是我内心最柔软的地方,更是我努力学习的不竭动力。小时候我便懵懂地意识到,自己家庭经济情况并不是很好。那时,小小的我偷偷地攒着零花钱,省吃俭用,想着用瘦弱的肩膀分担起家里的重担。只是那时的我还太小,力量太微薄。长大后清楚地知道自己每年的学费和生活费对本不富裕的家里来说是不小的负担。我相信只有知识才能改变家庭的命运。来到大学,我更是要求自己努力学习,力争每年拿到最高奖学金。每到节假日,我会尽我所能去打工挣钱,不光是为了减轻家里的负担,更是为汲取经验。大学的四年里我发过传单,进过工厂,做过家教。我明白金钱来之不易,更深知父母的艰辛,平常生活节俭,从不去攀比。高强度的学习、繁重的工作,使我养成了晚睡早起的习惯,时常学习到午夜,而第二天依旧清晨六点准点起床。身旁的部分同学对我起早贪黑的学习不完全理解。"为何如此拼"成了同学们问我的高频词,每每此时,我总报以友好的微笑。

人生何处无精彩,拼搏时刻激情应满怀。我想说,只要我不拒绝风雨,希望的地平线就不会拒绝我。我会用实际行动证明,我拥有一双会飞翔的翅膀。仰望星空,脚踏实地;一路走来,风雨兼程。历练出来的是成长,磨砺出来的是品行,坚持不懈的是信念,永不放弃的是追求。回顾过去,辛苦与收获同在;展望未来,机遇与挑战并存。我会一直坚持自我、不畏挑战,不惧未来道路中的艰难险阻。我坚信,在自我人生的舞台上,每个人都是主角。我也一直努力地充实自己,通过学习和实践来丰满自己的羽翼,就待有朝一日自己展翅高飞,翱翔于苍穹之间。

时光洗礼　破茧成蝶

——体育科学学院　钟宇静

钟宇静，衡阳师范学院体育科学学院2015级体育教育专业学生。参与撰写论文《体育类非物质文化遗产的保护与传承研究——以衡南"七巧龙"为例》，并获批"2017年国家级大学生创新创业训练计划项目"。

> 钟宇静是一个极爱学习、渴望知识的人。给我印象最深的就是她的座右铭——"读书能医愚，读书能治穷，读书能疗病，读书能砺志，读书能致远，读书能练达，读书能聪慧"，这句话就是她这几年来的真实反映。她同样是一个充满爱心、极其负责的阳光大女孩，参加过很多支教活动，但再辛苦她都没有抱怨过。她说，帮助他人，会让她觉得离做一名优秀的人民教师的理想更近一步，满满的都是幸福。
>
> （2015级体育教育1班　李静）

> 大学有很多选择，你可以安逸随性、随遇而安，也可以咬紧目标、执着前行。从做好一名学生干部到参与国家创新创业课题，从学好专业知识到考研提升自我，钟宇静同学度过了紧张而又充实的四年，用踏实和勤奋走出了一条属于自己的路。人生就像一场修行，唯砺心智、劳体肤，方可有所获。"心之所向，素履以往"，未来愿宇静同学能一往无前，终有所成。
>
> （辅导员　崔亚杰）

时光总会善待每一个努力的人

在衡阳师范学院校园的自习室里，有这样一批学子：他们埋头苦读，为自己的梦想拼搏。有的人在为心中向往的高校奋斗着；有的人收获了志同道合的学习伙伴，因为考研相识相知，成为人生前进道路上的挚友。考研不是一件轻松的事，每一天都需要做到精神高度集中，极度自律。面对安静又空旷的自习室，有时我难免产生一种疲惫感，但看到努力汲取知识，忙到吃饭、上厕所都没时间的同伴，我心底的想法又逐渐变得清晰：努力、再努力；坚持、再坚持，我一定要考上。

记得自己考研时，从暑假到12月每天在教室外站着背将近8个小时的英语单词和专业课知识。在备考的9个月里，去过最远的地方就是华新教育局，因为考研，有时甚至一两个月都不出校园。说实话，在决定考研之前，我不会相信自己可以做到一两个月不出校门，更不敢相信自己可以一坐就是9个月。如果你好奇是什么让我坚持下来，我想，是衡阳师范学院校训里的"博学"，是它在给我源源不断的动力。

总会有风吹动船帆，助你前行

在我面前，博学是一条需要不断探索的求学之路。在接触博学的过程中，我更深入地了解到这样一些人：老子广览群书，才华横溢，他的《道德经》研究了世界的本源问题；庄子满腹经纶，逍遥快活，不为尘世所困扰。当读到《中庸》"博学之，审问之，慎思之，明辨之，笃行之"时，我真正理解了"博学"。"博学"意味着为学首先要广泛地猎取，培养充沛而旺盛的好学之心，"博"意味着博大和宽容。唯有博大和宽容，才能具有世界眼光和开放的胸襟，真正做到"海纳百川，有容乃大"。

书山有路勤为径，学海无涯苦作舟。我认为博学是靠多积累的，所以在生活学习中坚持多看、多做、多写。大学四年，我经常会到宿舍楼下的阅读吧看书、学习。这无疑充实了我的生活。2017年，获批了"国家大学生创新创业课题"。在大三、大四期间，我也坚持每天看文献，积累知识。每天学习一点，每天前进几步，花时间去总结所学的知识，每一次小小的成功，都会转化成我不断前进的动力。

我一直相信，博学是自己实现梦想、建功立业的助力。我有一个梦想，就是成为一名优秀的体育老师。"师者，所以传道授业解惑也。"将自己所学知识交给别人的时候，特别有成就感。我参与过很多支教活动，这更加深了我的这个想法。教师，是美德的承载体和传播者，更是博学的代表。而这不仅要求我认真踏实、勤学苦练，学好各项专业知识及相关理论知识，也要求我在平时更应该不断提高实际动手能力，发挥学习的主动性，多方涉猎各类知识，培养自己广泛的兴趣爱好，拓宽视野，丰富自身知识储备，提高综合素质和文化修养。

学可以树德。取得成绩，我学会谦虚；处理事情，我学会沉着冷静。学可以明志。我找到了自己的理想与发展方向，知道成为一个优秀的人应该怎么做。成长就是不断学习，不断挑战自己，不断培养自己的美德和能力。当你奔跑着，伴随着天色开始渐渐明朗，逐渐成为自己心中的那个人。

珍惜每一个让自己成长的机会

大学四年，我过得特别充实。我很庆幸在学习之余，还加入了学生会，在这里，我学习到了书本之外的知识与能力。在学生会任职的两年里，不论是心态心智、为人处世、学习技巧、个人能力还是综合素质，都有了明显提升。而对我影响最大的，就是思维上的改变。经过锻炼，我对"认真"这个词有了更加深刻的感受，认真学习成了我坚守的信念，认真完成自己的工作成了我的责任。无论是学习，还是工作，我更加注重细节。把简单的事情做好，就不简单；把平凡的事情做好，就不平凡。"一屋不扫，何以扫天下？"我不断告诉自己，小事更加需要锻炼，小事做好了才可以做好大事。

将书本上的知识转化为实践，这种感觉对我来说十分美妙。把自己所学、所知分享给别人，是一件让我非常自豪的事。实践的过程中涉及没有接触过的领域，能学习新知识，认识新同学，增长才干，让我更好地成长成才。大学期间，我接触到了各种比赛，明确了解到创新在当今时代的重要性。各种学术活动对我充满了吸引力，一定要参与到学术研究当中去的种子在我的心底生根发芽。

考研的过程，对我来说更像是一次修行。未来无论是选择哪条路，都意味着努力与担当。有时候也会静下来回想，大学四年，走过了大一的迷茫，感受了大二、大三的忙碌和挣扎，期待着大四的挑战和洗礼，在不同的成长阶段为自己制订不同的目标，就像蛹，逐渐成蝶。黎明前晨光弥散，入夜后星光引航。求学之路漫漫，更需要热爱与执着。我坚信，只有不断地学习与突破，才能收获全新的自己。同时，只有抱有简单和快乐的心态，才可以过好每一天，活出精彩的人生。天道酬勤是真理，时间会善待每一个勤奋学习、认真对待生活的人。

行之苟有恒　久久自芬芳

——化学与材料科学学院　黄思文

黄思文，衡阳师范学院化学与材料科学学院2015级化学1班学生，曾任班团支书、学习委员。在校期间于2017年与同学合作在 Organic&Biomolecular Chemistry 期刊中发表论文，同年获"第十届湖南省大学生课外化学化工创新作品竞赛"省二等奖。2019年考入东华大学攻读硕士学位。

> 大学四年里，思文用她的认真、努力、勤奋、开朗感染着周围所有的人。图书馆和实验室总有她认真勤奋的身影，校院级活动中总有她拼搏的汗水，班级群里总有她细心的提示，寝室里总有她爽朗的笑声、甜美的歌声，她就是这样一个向阳而生的向日葵女孩。
>
> （2015级化学1班　刘芳惠）

> 总能想起她嘴角上扬的微笑，无法忘却她坚毅执着的眼神。四年里，她用坚持梦想的初心和不断前行的脚步，铸就了闪闪发光的青春。青春应该是什么样子？青春盼的不过是流年无恙，光阴留香。经历天寒地冻，迎接向阳春风，相信黄思文的青春里，一定还会有更美丽的花儿盛开。
>
> （辅导员　唐升）

夏日清晨的阳光，斑驳地洒满地面，风微起，带来一阵沁人的凉意。"起风了，唯努力长存"，在大学四年的时光里，我一直带着这句激励自己的座右铭不断前行。回想起得知自己获得第十届湖南省大学生课外化学化工创新作品竞赛二等奖和顺利考上东华大学研究生的时候，我感慨万分。为之咬紧牙关的时候，支撑我的便是向阳的信仰。

还记得初二的那个黄昏，我路过初三毕业班的教室，斜阳将光辉照射在那张元素周期表上，我的世界仿佛按下了停止键。这就是居里夫人倾尽一生为之奋斗的化学吗？这就是大千世界无处不在的化学元素吗？没有过多的修饰，只是心灵的一次独白。这，便是我与化学的第一次短暂的邂逅，却为我此生对化学的热爱撒上了初恋般的味道。高考填报志愿时，几乎没有过多思考，我在志愿单上铿锵有力地写下了"化学"。我想，今后化学与我的缘分，会越发地千丝万缕，未来的我将畅游在化学的世界里。

  大学的第一年，我很努力地学习每门基础知识，因为我深知"万丈高楼平地起"，打牢基础是根本，扎实的学识来源于稳健的第一步。我更相信实践出真知，在大二的时候，我果断地加入了我们学院一位导师的研究性小组，提高实验动手能力和培养自己的创造性思维。于是，我开始了全新而充实的生活。穿梭在上下课铃之间的身影，实验室里常亮到深夜的白炽灯，一不小心就粉身碎骨的烧杯和试管，突如其来喷到头皮、眼睛和脸颊的溶剂，都是我平凡生活中的一幕幕剪影。夏日炎炎的暑假，我和实验室的小伙伴们在汗流浃背地进行实验操作。为了加快实验进程，我们分工协作、集思广益，日复一日的努力得来的却是一次又一次的失败。那时的我失落极了，我是不是在化学领域没有天赋？我开始怀疑自己，否定自己。可每当看到导师精益求精且细致严谨的态度，我似乎明白，成功并不是唾手可得的。很多人的蜕变就是挑战未曾挑战过的困难，很多人的成长就是在经历了一次又一次的失败后仍然怀着初心。于是我重整旗鼓，重新审视失败的定义，沉下心来重新投入实验中。终于功夫不负有心人，2017年我们在 *Organic & Biomolecular Chemistry* 期刊中发表了研究性论文，成功展示了我们的实验成果。同年，我们以发表的论文为基础参加了第十届湖南省大学生课外化学化工创新作品竞赛，最终荣获了省二等奖的成绩。

  成绩的获得是对自己的肯定，也让我鼓足了继续深入学习化学的勇气。我们学院历来有举办考研经验交流会的传统，2019年年初的那次交流会上，两位学姐声情并茂地讲述了她们的奋斗史，那种苦尽甘来的快乐和饱经风雨的从容，使我义无反顾地选择了考研。考研是一段沉默的岁月，也是一段回想起来连自己都会感动的时光。因为考研，我重新认识了自己，挖掘了自己的潜能，给我的大学生活留下了刻骨铭心的记忆。因为考研，我沉下了这颗浮躁的心，在飞速流逝的时光里认真地做这一件事。翻开昔日的日记，浮现的是一幕幕快乐或辛酸的场景，脑海里挥散不去的是充实和感动，心中越发坚定的是追寻梦想的执着和自信。因为考研，我见过凌晨4点的衡阳师范学院。那寥落的路灯，照亮黑暗笼罩着的微不足道的我。微弱的台灯也为我照射出一丝前行的光芒，我的眼中只有诗和远方。

  考研是一场超出我想象力的考验，没有父母的督促和叮嘱，也没有高中老师那样的监督和规划，所有的计划和进度都得自己来安排。在全面备考之前，我做足了准备。从报考院校到报考专业，从查询知网到咨询老师、学长，我认真搜集一切有用的信息。终于，我找到了一所非常心仪的学校，我决定报考东华大学的有机化学专业。从下定决心的那一刻起，就注定了以自律和激情来迎接挑战。知己知彼才能百战百胜，为了提前了解东华大学的出题难度和方向，我从网上找到了往届每一位考上东华大学硕士研究生的学长学姐的联系方式，学姐学长们的热情解答和温馨提示让我对这个学校的好感倍增。我深知机会总是留给有准备的人，复习进度的巨大压力和每天都嫌不够的时间压得我喘不过气来，我多希望自己有几个分身，每个负责一门学科。父母从未给我施加任何压力，他们总会默默地听我倾诉，再细细地滋润我的心灵；网络上还有一群志同道合的人，在我最疲惫和脆弱的时候给我发来一些温馨的文字；临睡前室友为我泡一杯满载希冀的牛奶，这些便是我全力以赴的精神支柱。随着图书馆自习室逐渐变空，许多人的意志力开始动摇，我想起了朱伟老师说过的一句话：坚持别人坚持不了的坚持，才能得到别人得不到的得到。我告诉自己，不管多累也绝不能放弃。最后一个星期，我仍是第一批在图书馆门口等待开门、最后一批离开图书馆自习室的人。我想，考研的最后胜利者，就是能坚持到最后的人，正所谓"剩者为王"。

现在，我的手里捧着东华大学硕士研究生的录取通知书，回忆这一年的考研持久战，其实是顺理成章的事。人生征途中一定会有茫然、孤单、失落的时候，如果能靠自己的毅力打破这些消极的情绪，心态以及承受能力一定会有很大的提升。现在我做着自己想做的事，学着我喜欢的专业，并且为之努力，毫无怨言，我收获了满满的成就感。

感谢每一个瞬间努力的自己，在无法重来的青春里跌跌撞撞并慢慢成长。努力走好每一步，踩着光的影子，像向日葵那样，向阳生长。我相信，终有一天，有光的地方，就有我的影子。

不远而复　敬之有成

——生命科学与环境学院　黎露

　　黎露，衡阳师范学院生命科学与环境学院2015级动物科学专业1班学生。在校期间曾获"第三届全国大学生生命科学创新创业大赛"一等奖、第十五届"挑战杯"湖南省大学生课外学术科技作品竞赛三等奖、"第八届衡阳市大学生科技创新大赛"一等奖、衡阳师范学院"第十七届大学生课外学术科技作品竞赛"特等奖等多项荣誉。

> 　　露露姐是我们团队的大师姐，总忘不了她在"第三届全国大学生生命科学创新创业大赛"总决赛时的风采。是她带领着我们团队一路过关斩将，凭借良好的科研素养和综合能力，精彩地向评委专家展示了项目内容与研究成果。我想那就是青春应该有的模样：永远充满朝气，永远充满自信。
>
> （2017级生物科学1班　张可）

> 　　质朴、勤奋、谦逊有礼，是这个女孩给我最深的印象。进入大学，只是一个新的起点，并不是努力的终点。大学生活对每位同学都是公平的，你付出什么，就会收获什么。"凡百事之成也，必在敬之。"黎露同学选择了科技创新，选择了跟随老师奋斗在实验室，也收获了荣誉和肯定，用自己的实际行动很好地诠释了"拼搏的青春最美丽"。
>
> （辅导员　刘树芬）

　　没有人一开始就知道路在哪，只有在不断地摸索前行之后，才知道生活还有无限可能。大学四年一晃而过，回首这不长不短的四年，我恍然发现，只有品尝过无尽黑暗的人，才会竭力去拨开笼罩生命的迷雾，向着心中那一丝阳光盘旋蜿蜒地生长，一步一步成长为那个向阳女孩。

　　2015年9月，我幸运地进入心仪的学校。起点不高的我沾沾自喜，开始享受所谓的"大学"生活。对比周围人或发愤图强，或拓展自身实践能力，我的大一生活过得非常"轻松愉快"，每天陪伴我最多的，是各种移动设备。不过期末考试，我并没有像能加入衡阳师范学院这般好运，给了我沉重的一击，成绩单上倒数的、显眼的名字让我清醒地认识到，自己应该重新规划大学生活。是碌碌无为、荒废时光，还是为自己、为父母填写一份满意的答卷？痛定思痛后，我毅然选择了后者，向科技创新迈出了第一步。这个选择也开启了我不一样的大学生活。

大一的自己在专业知识方面没有太多积累，在实验技能方面也是一片空白。跟我同批加入恩师实验室的还有将近20人，作为刚进实验室的科创"小白"，我感到非常惶恐和窘迫。我担心自己成为实验室里拖后腿的那个，担心自己会因为什么都不会而被淘汰。"笨鸟先飞"，我深深地铭记着这句话，这也成为我每天早早地去实验室的动力。

我们是恩师招收的第一批学生，不同于其他新人，他们可以向学长学姐取经，耳濡目染地学到技能。我们的日常便是打扫好实验室的卫生，清点实验仪器。很多人不愿这样日复一日重复地做这些琐碎的事情，当初跟我约好要一起实现大计划、去参赛的伙伴一个个中途退出，但我却对这样的实验生活乐此不疲。一方面，我内心很坚定，这也许是恩师使用的一个特殊的考核我们毅力的方式；另一方面，恩师常常会跟我们分享他的成长之路。慢慢地，恩师也成了指引我前行的引路人，我迷茫的大学生活也渐渐有了明确的方向。

作为为数不多的坚持者，我在恩师的帮助下慢慢开始接触实验，基本没有实验技能的我会因为不知道仪器使用方法而不知所措，会因为不知道实验原理而愁眉不展。但经过的一次次挫败，都成为我不断前行的动力。我会在每一次实验开始之前查阅大量文献，了解清楚实验的原理和来龙去脉，填写实验记录，捋清思路，也会跟恩师讨论实验中可能出现的误差和突发情况。除了扎根实验室，我也注重自己的专业知识积累，避免出现排名倒数的情况。这段时光里熬过的一个个夜晚、查阅过的一篇篇文献、实验室里那本满满的实验记录本，都是我漫漫成长路上坚定步伐的见证。2017年4月，我的成果获得了"衡阳师范学院第十七届大学生课外学术科技作品竞赛"特等奖，这也成为我越战越勇的动力源泉。

随着实验室规模一步步扩大，团队的名声越来越响亮，慢慢有了不少学弟学妹来跟我取经学习，想加入我们的团队。因为这些新鲜血液的注入，我们团队又散发出新的活力。恩师的言传身教感染了我，我也想把这种信念传承下去，以榜样的力量感染其他人。

在恩师的指导与支持下，我的综合能力与日俱增，2017年5月，我开始着手为第十五届"挑战杯"湖南省大学生课外学术科技作品竞赛做准备。在这期间，我抛开所有杂念，全身心地投入实验研究中。从前期的选题、课题申请，到实验设计、成果预测，带领团队成员为共同目标努力，直至最后获得预期结果。

我满怀信心，捧着一颗赤诚的心，一步步地朝着预想的方向前进。几次仿佛已经在恩师热切关爱的目光中，踏着海浪般的掌声，捧起梦寐已久的奖杯，然后眼眶湿热地从梦中醒来。

比赛前一天，我在脑海里不断回忆实验项目的重点与细节，在床上翻来覆去，既激动又紧张。第二天，我带着团队成员和奋斗已久的研究成果报告，来到了比赛现场。看到来自各个院校的团队带着似乎比我们更加出色的作品，以及目睹对方有条不紊、对答如流的答辩现场，"准备充分"的我也忍不住冷汗直流。介绍完课题，我站在台上，不敢直视评委带着审视与打量的目光，当评委老师问最后一个问题时，没有任何准备的我开始慌了，我只能干巴巴地答了几句。最后只能紧紧地攥着手中的报告，像是溺水的人抓住最后一根稻草。毫无意外，这次竞赛我最后只获得了三等奖。

我似乎一下子从天堂被打入了低谷，仿佛看不到为比赛准备的意义。那段时间，身边的朋友都在安慰我。可我自己心里清楚，我一直沉浸在自我营造的假象之中，盲目自信于过去的成果，但事实上，自以为成熟和优越的想法，不堪一击。受挫后，我开始清楚地认识到自身的问题，认真总结与反思，在恩师与团队成员的鼓励下，重整旗鼓，再度出发。同年11月，我获得了衡阳师范学院生命科学与环境学院"海大益豚奖学金"一等奖学金。学院领导、老师对我的悉心关怀，让我更加有动力投身于创新工作中。我不骄不躁，每一步都稳扎稳打，将手上的项目一步步地完善充分，一旦有模棱两可的地方，也会立即找老师求证，绝不犯相同的错误。

2018年5月，我报名参加了"第八届衡阳市大学生科技创新大赛"，再次踏上充满挑战的征途。忙于科技创新大赛的那段时间，在现在看来却是大学最充实的一段时光。每天寝室、食堂、实验室三点一线，在同一条路上来回奔波，放眼望去都是一样的风景。但因为每次都有不一样的收获，心中的风景也在一点点地变得开阔起来。这一次，我依旧有些紧张，但心中不再犹豫和不安，因为我在这次征途中的收获远比想象的要多。这使我不再畏惧未知的结果，只一心朝着既定的方向努力。不管前路如何漫长，心有明灯，就不再畏惧黑夜。终于，在这次的科技创新大赛中，我如愿以偿，获得了一等奖。同年8月，我又参加了"第三届全国大学生生命科学创新创业大赛"，在团队的共同努力下荣获一等奖；同年10月，我还获得了衡阳师范学院校级二等奖学金和"海大益豚奖学金"一等奖学金。11月，在衡阳师范学院"榜样的力量"大学生年度人物评选活动中，我也有幸被评为"十大笃行先锋"之一。

奖杯散发的夺目光芒似乎快要将以往黯淡曲折的经历掩盖埋藏，也无人再与我提起曾一度让我感到难为情的"挑战杯"。但回首过往，我认为正是那次沉入低谷的经历，才成就今日涅槃的我。过往的苦痛被我重塑成一颗颗充满希望的火种，然后用勇气与信念点燃一团火，照亮我未来的人生路。曾以为看不到未来的女孩，终于也跌跌撞撞地摸索出一条属于自己的路。大学四年的这些经历，让我对未来不再彷徨，不再迷惘。前方太阳已升起，我只一心当一名虔诚的追光者，将这一路的荆棘斩开，向着心中的阳光一路奔去。

心之所向　行之所往

——化学与材料科学学院　刘文静

刘文静，衡阳师范学院化学与材料科学学院2016级化学2班学生。曾任院团委副书记，曾获湖南省第四届"师范生教学技能竞赛"二等奖；大三担任化学与材料学院院2018年暑期"三下乡心灵脱贫，教育帮扶团"团长，带领团队获得"全国百强传播力团队"称号。

> 与文静姐共事两年，她用自己的魅力不断地吸引着我们。工作中她能不厌其烦地指导我们，随时解答疑问，会提前想好所有的工作，将细节安排到位，让活动出彩；学习生活中她就像家长常说的"别人家的孩子"，工作、成绩两不误。在光芒的背后，她付出的辛苦我们难以想象。她不仅成为自己想要的模样，也成为我们想要成为的样子。
>
> （2017级化学1班　邓梦琪）

> 三年来，从担任她的班主任到成为亲密无间的工作伙伴，我见证了她的成长与蜕变。直到现在，强势、较真等标签仍然贴在她的身上。但正是因为这份执着、坚持，才让她在自己的道路上行走得越来越顺畅。"既往不恋，当下不杂，未来不迎。"为了有一个好的未来，我们需要做好当下的每一件事。未来可期，愿你成为自己想成为的样子。
>
> （辅导员　宁顺花）

"各位团副请注意：湖南青马在线即将关闭系统了，各学院……"

"学姐，你好，请问今年三下乡什么时候招聘呢？好想和这么优秀的团队一起，收获不一样的体验。"

……

接通老师的电话，完成分配的各项工作，拿起手机仔细回复各种消息，打开QQ回复各种留言，这就是我，一个忙碌而充实的我，一个成为自己想要的模样的我。

处理完一切事宜，整理好物品，背着书包，我像往常一样径直走向图书馆，途中不经意播放着自己最喜欢的歌曲："最初的梦想紧握在手上，最想要去的地方，怎么能在半路就返航……"

回到了2016年9月，刚入学的自己还夹杂着一丝丝高考失利的忧伤，看着陌生的环境、不熟悉的同学，似乎一切都意味着重新开始。大一的时候我是很迷茫、很懵懂的，过得比较随心所欲。我没有很明确的目标，大学想要实现什么？收获什么？通过一个什么样的方式去提升自己？当时的我并不知道。偶然的机会我进入了学生会，几年下来在这个平台中一步步锻炼了自己、充实了自己、发展了自己、成就了自己。很多学弟学妹会问："学姐，你作为团长，带领团队获得了'全国百强传播力团队'称号，你是怎么做到的？""学姐，你身为团委副书记，又兼任卓越班班长，你是怎么协调学习、工作、活动的？""学姐，听闻你的课上得不错，在湖南省师范生教学技能竞赛中获得了二等奖，能分享你的经验吗？"……

经验如果真有的话，那就是较真。我会不断地和从前的自己做比较，把更优秀的人做参考。我会思考，昨天的自己和今天的自己有什么不同，明天我应该做什么，明天自己要成为什么样的人。我会不断定下小目标、大目标和长期目标。我越来越了解自己的状况，不断调整定位，学会了应对成长中出现的新挑战，所以才在过去几年有所建树。一分耕耘，一分收获。如果自己没有下定决心，如果自己没有较真，如果自己没有准备好，如今的成就只会是一场虚无的梦。

2018年6月是一个重要转折点。工作上我得到了老师的信赖和同学们的支持，担任了院团委副书记。上任的第一项工作便是成为暑期"三下乡心灵脱贫，教育帮扶团"的团长，负责组织开展接下来的暑期"三下乡"社会实践活动。与此同时，由于自己在学校师范生教学技能大赛中脱颖而出，将代表学校参加湖南省师范生教学技能竞赛。一件一件看似让人激动、兴奋的事情，对于我而言其实也是莫大的挑战。时间的冲突、繁重的任务和内心的压力，使我徘徊过、踌躇过，但我不服输，坚决不退缩。我要挑战自己，我要和自己较真一次。作为一名师范生，能在教学比赛中获得成绩，是一种莫大的肯定，肯定了我的教学技能，也坚定了我日后积极投身教育事业的决心。能一步一步迈向更高的竞赛平台，是一种难得的锻炼，是一次潜心学习的机会。作为暑期"三下乡"的团长，我一直坚信"滴水穿坚石，爱心美天下"，志愿精神让我想要加入支教行列，以亲身实践来服务社会；我还想再去看看前一年"三下乡"时那些可爱的孩子，看他们长高没、懂事没。因此，我告诉自己，即使再困难，我也要将这两件事做好，我要在比赛中继续为学校争取一份荣誉，为自己争取一次更好的学习机会，我也要带领团队取得良好的活动成效，让队员们收获不一样的体验，让志愿精神传承下去。

那年夏日炎炎的暑假,我沉下心来,每天整理"三下乡"需要的材料,反复确认实施方案、分配队员任务、安排支教教学课程、确认墙绘组图画底稿、罗列物品清单。所有纸质稿、电子稿或许只是字面上的安排,但为确保活动顺利进行,我必须反复在自己脑海中演练活动过程,看有哪些地方或许需要调整,有哪些不恰当。每天除安排一半的时间整理活动物品、和队员协调交接工作外,我始终记得自己还需要进行师范生的技能培训,如果自己想要有一番成就,就必须付出常人不愿付出的努力,坚持常人不能坚持的。为此,我每天捧着化学教材,一遍又一遍演练教学导入过程,一遍又一遍模拟上课情景。每天打开熟悉的Powerpoint,制作相应的课件,一遍又一遍斟酌课件的排版,反复调整教学设计的格式。"三下乡"我参加了两年,第一次是以学习的目的去参与,我知道了学长学姐组织、开展活动的全过程。大二时,身为团长的我汲取了以前活动开展的有益经验,同时也注入了自己一些比较有特色的想法。比如说,在2018年的开展过程中就加入了2017年没有的亲子活动。亲子活动过程中也出现了一些小插曲,由于队员对工作任务不熟悉,现场一度出现了小混乱,几乎失控。想到要将活动做好、做出彩,我硬着头皮临时救场,终于顺利将活动开展完,活动的举办也收获了家长和孩子们的热烈掌声。

"三下乡"圆满结束后,我又马不停蹄地开始为期半个月的技能培训,每天早早从老校区出发赶往新校区,进行一上午的理论培训,下午进行反反复复的磨课训练,晚上还得准备第二天的课件。与此同时,身为"三下乡"实践团团长的自己,还得认真回顾支教细节,及时总结经验。

就这样,我一天中的大部分时间奉献给了培训,"三下乡"后期工作就只能海绵里"挤一挤"。我将白天的理论学习与磨课感受进行细致的总结,准备好第二天的课件;利用中午短暂的休息时间以及晚上的部分时间进行团队材料的整理,积极给各种新闻媒体投稿,扩大团队影响力,累了闭眼眯上一小会,眼睛酸了滴眼药水……就这样,足足持续了半月之久。

得知暑期"三下乡"团队获得"全国百强传播力团队"称号、得知自己获得湖南省第四届"师范生教学技能竞赛"二等奖时,我的内心更多的是沉静与思索。其实,工作与学习是环环相扣、紧密联系的,工作中培养的严谨态度有利于个人能力的提高,工作的实际过程可以让我们验证学习到的理论知识,加深对理论的理解。当"三下乡"碰上师范技能培训,旁观者可能觉得只是时间冲突的问题,两者没有任何联系。其实不然,对于我而言,"三下乡"的组织让我必须迎难而上、坚持到底,"三下乡"的过程让我学会了协调工作和分配时间,"三下乡"的支教让我实践了师范生的基本技能,这些都为我参加竞赛获得好的成绩、我们的团队获得良好反响打下了基础。

很多人知道，成功是努力的结果，但只有亲身体验过，才会知道真正需要付出多少的汗水与泪水，才能换来来之不易的成功。或许当别人处于我当时的处境，比我处理得更好，更加游刃有余，但是我知道，我挑战了自己，突破了自己，成为自己想要的模样。

事竟成者　始于错也

——化学与材料科学学院　文丽

文丽，衡阳师范学院化学与材料科学学院2016级化学3班学生。曾任班学习委员，曾获国家奖学金、国家励志奖学金、"衡阳市第八届大学生科技创新大赛"二等奖等。

> 文丽在我的印象里永远那么阳光、努力，充满了正能量。她是我学习的榜样，勤奋刻苦、积极乐观、追求上进是她的生活态度。她更是科创路上的无畏者，能够从容接受挑战，冷静分析问题，一次次的失败让她更加坚定理想信念，奋勇前进。仰望星空时不忘脚踏实地，是她最好的写照。
>
> （2016级化学3班　刘越华）

> 初次见文丽感觉她柔柔弱弱的，但实际上小小的身体里潜藏了大大的能量。很多的事其实她做得并不顺利，但她没有放弃，而是去积极尝试并坚持到底。求学生涯没有那么多岁月静好，要学会勇于负重前行。在那些艰难的时光里，她只是一直往前走着。等那些漫山遍野如萤火一般的星光重新亮起时，她的脚下已是曾经要追逐的远方。
>
> （辅导员　姚尽沙）

六月，栀子花香充满整个校园，广播里连续播放着临别祝福。又是一年过去了，马上就要升入大四了，回想起过去的三年，从懵懂迷惘到日渐成熟，从屡屡出错到渐入佳境，学海无涯而我正扬帆前行。

大二时，身为科创"小白"的我有幸进入了刘梦琴老师的实验室。刚进实验室的我紧张、迷茫，却也有着几分憧憬。第一次用分析天平称量试剂时，因为学长站在旁边，紧张得手发抖；第一次做分析实验被要求用滴定管滴半滴溶液时，因为不熟练，总是控制不好；第一次给学长看实验报告时，因为很多地方不严谨，被学长教育……整个大二上学期做的事情比较基础，就是帮学长学姐打下手，配溶液，记录实验数据等。但这些经历让我对实验室操作更加熟练。在配溶液的过程中，称量、移液、定容等基本操作越来越标准，速度也越来越快，这些为之后的实验打好了一定的基础。我还见识了一些在基础实验室没接触过的仪器，比如移液枪、pH 计及电化学工作站等。我不是特别聪明的那种人，而且当时我的专业知识还不够，所以在学长布置任务前，我会先去查阅相关仪器的使用方法并做好笔记，然后在第二天学长教的时候再做补充，避免自己使用的时候出错。因为我们实验室所研究的是电化学领域，所以这些经历为我大二下学期学习仪器分析打下了非常好的基础。在实验的过程中，难免有误差与误解，有一件事让我印象特别深刻，我们当时做的是"石墨烯/AuNPs 复合修饰电极的制备及其电化学行为研究"，王焕翔学长是项目负责人，他要我自己制备修饰电极，然后用电化学工作站去探究它测量酪氨酸所能达到的检出限。我最后计算出来的结果是 10~8，学长觉得我的实验效果太好了，用跟我相同的条件进行探究，最终得出的结果是 10~6，相差了两个数量级。面对学长的反复询问，我当时还十分担忧，觉得学长对我不够信任，有点委屈，因为我并没有对数据进行修改。后来通过学长的解释，我才知道，他是想弄清楚出现差别的原因，让实验结果变得更加科学可靠。因为我们的实验成果一旦发表，是需要承担责任的，如果其他人用同样的方法得出不一样的数据，人家有理由怀疑你科研作假；如果自己也得出不一样的数据，那后果非常严重。所以要避免实验的偶然性，通过重复实验，提高结果的准确性。经过这一次，我对待科学创新乃至基础实验，都更加严格，正确地对待失败，从失败中不断去总结反思，最终达到想要的效果。

科研中最难熬的时间每个阶段都有，从不断地看文献、想方法就开始了。我们的指导老师很开明，她会给机会让我们自己去找课题，向她汇报思路时，她觉得可行就会让我们放手去做。但是如果想做比较前沿的东西，一般要看英文文献，那满屏的英文，于我而言可以说是"天书"。记得当时学长给我发了一篇 *Journal of the American chemistry society*（JACS）的外文，我花了半个月的时间把它翻译出来，还只是表层的翻译，没有涉及深层的理解。后来，我再接触英文文献的时候，不会像一开始那样头晕，虽然还是不懂，但是基本上能把握住重点，看文献的时间缩短了许多。也是因为那一段时间坚持阅读外文，我的专业英语得到 90 多分。第二个阶段是做实验。参照文献的方法，自己进行探究的时候，总是达不到效果，只能自己一个个地去排除原因，进行改进，这个过程真的相当磨人。其实还有一点难受的是，实验一旦开始就不能停，否则会前功尽弃，所以会牺牲很多节假日进行实验探究，需要割舍很多其他东西。最消磨耐心与意志的还属写论文的时候，耗费脑力最多的就是自学 Origin 作图，其实 Excel 作图也可以，但是它跟 Origin 作图相比，有两个弊端，第一是不美观，第二是不能看到原始数据。虽然老师没有要求，但我为了达到更好的效果，还是选择用 Origin

作图。全英文的软件，光是安装就让我查了很多教程，也花了将近一天的时间，更别提后来深入学习。最需要耐心的是修改论文，我自己用半个月的时间改了五遍，又发给2015级的学长学姐改了两遍，最后刘老师又修改了一遍。当定稿时，心里满满的都是成就感。2018年6月，我们的研究成果"石墨烯/纳米金复合修饰电极的制备及其电化学行为研究"在衡阳市第八届大学生科技创新大赛中获得了二等奖。通过课外的科技创新实验，我的理论知识得到了实践，在一次次错误中我学得更深、更精，文献检索、实验操作和独立思考的能力都得到了培养。在一次次的活动与比赛中，除了自身能力得到锻炼以外，我开阔了视野，认识到更多优秀的人，不自觉地向他们学习。凭借着科创培养出来的进取锐气，在学海中我不断跋涉，2018年12月又获评了国家奖学金。

多去尝试，不要畏惧犯错。记得老师经常跟我说的一句话就是"在学生阶段，尽可能地去尝试，去犯错误"，因为在这个阶段的错误成本是最低的。一旦步入社会，走上工作岗位，再犯错可能会对职业生涯造成严重影响。无论是工作还是学习，我都尽可能地去做好。在我的学生时代，在我的青春这条道路上，就是要将自己能丢的脸都丢一遍，将能遇到的困难都经历一遍，才能更好地成长。当你经历过绝望甚至崩溃还能砥砺前行直至成功的时候，你会发现，原来没有什么比年轻的时候认认真真犯错更酷的事情了。

人生在勤　不索何获

——化学与材料科学学院　吴倩

吴倩，衡阳师范学院化学与材料科学学院2015级化学1班学生。曾任院学生会办公室主任，曾获"第十届湖南省大学生课外化学化工创新作品竞赛"特等奖、"湖南省大学生课外化学化工创新作品竞赛"一等奖，与团队一同获得"第九届湖南省大学生课外化学化工创新作品竞赛"一等奖、"湖南省第七届大学生化学化工实验与创新设计竞赛"三等奖，成功在《衡阳师范学院学报》上作为第一作者发表了一篇学术论文。

> 吴倩是一个完美主义者，总在追求十全十美的路上，学习要做到最好，工作也要做到最好。她是一个严谨而富有创新精神的科研人，总在思索如何寻找突破口，从来不漏过任何一个微小的数据瑕疵。她是一个敢于拼搏的好榜样，总是前行在挑战自我的路上，不满足于已有的成绩，不遗忘出发时的初心。
>
> （2015级化学2班　尹紫鹏）

> "你的眼睛会说话"，这就是我们的吴倩同学。眼中有追求，眼中有理想，命运必会眷顾信仰，那是最初无比执着的你；眼中有信念，眼中有光芒，阳光总在风雨后，那是曾经为梦想拼尽全力的你；眼中有释然，眼中有向往，收获终会来敲门，那是全情投入终有所成的你。
>
> （辅导员　唐升）

时间似乎不给我任何喘息的机会，前几年还在看着老师带领学长学姐去新校区参加毕业典礼，一转眼，今天的我就已经坐在了篮球馆内，看着校长为我们毕业生送上毕业季的祝福。回校的路上，我忍不住去想，我的大学四年都经历了些什么，这么长的时光里，与我紧密联系在一起的究竟又是什么？脑海浮现的是我在实验室里一次又一次失败的经历，是一次又一次老师和队友给我的鼓励，是去参加比赛时那一幕幕紧张而又激动的场景，是我和科创之间的故事。

征途虽苦　甘之如饴

　　生命充实的标志，其实就是一个人有斗志，喜欢去挑战自己，做更难的工作，挑战更重要、更能锻炼自己的岗位。步入大学，对创新性实验操作特别感兴趣的我进入了开放性实验室，怀揣着对实验室的憧憬开启了我的科技创新生涯。

　　刚进入实验室的日子并不像预想的那样充满刺激和挑战，反倒一直在清洗瓶子、打扫卫生，我似乎感觉到自己的激情一点点地被日常琐事消磨。我看到学长学姐们架反应、过柱子、设计实验，他们也会执着于将每一个瓶瓶罐罐洗得干净透亮，也会因为某一天实验室里新合成的产品欢呼雀跃。"瓶子洗烦了？知不知道，一次设计再新颖的实验也会毁于一件留有杂质的实验仪器。小学妹，做实验首先要的就是严谨了。认真清洗哦。""嗯，严谨。"我想，即使是不成熟的尝试，也胜于胎死腹中的策略。在给学长学姐打下手之余，我开始慢慢熟悉实验室里大大小小的仪器，开始主动思考设计实验的原理，利用机会向学长学姐请教一些专业问题，慢慢接触如何利用网络查找所需资料、如何设计整体方案、如何操作一些基础实验室没有的仪器设备。我渐渐明白了为什么要重复这些烦琐无味的工作，开始爱上科技创新，也对科技创新有了全新的认识。

败绩虽挫　吾心犹坚

　　经过一段时间的沉淀与学习后，我们在指导老师的帮助下组建了一个创新性研究小组。我们自主安排了一个月的时间，利用知网查找所需文献资料，并借助一些工具阅读相关的英文文献，把握研究方向，提取有效知识设计整体方案。这一段时间其实是很单调的，但正是有这段时间的积累，我们得到了老师的肯定。

　　2017年5月，我们成功申报省级大学生研究性学习和创新实验计划项目，项目的获得让大家感到万分欢喜和雀跃，感觉未来可期。我们铆足了劲儿，全身心投入实验室，但是最后得到的却是一次次失败。产品产量低，有的时候甚至没有产品。满腔热血换来的却是这样的打击，我开始怀疑自己。我的导师和队友不断地激励着我，我那颗不服输的心也告诉自己不能轻言放弃，眼看着比赛的时间临近，我不断尝试着，甚至比之前更加努力。我愈挫愈勇，我想我非得做出个什么东西来才是。我永远忘不了那枯坐在实验室里的一个个日与夜，忘不了我心中对科研的坚定，也忘不了我第一个产品成功检测出来时，心里的感动和欣喜。

全力以赴者定不负之

依靠着这份努力与付出，同年我获得了陶靖学长的邀请，作为团队成员参与第九届湖南省大学生课外化学化工创新作品竞赛。从合成产品、编辑论文一直到填写参赛文件我全程参与，不久我们的团队就荣获一等奖。那篇论文的档次很高，而且数据也很充足，带着论文我们又参加了湖南省第七届大学生化学化工实验与创新设计竞赛（课外化工类创新作品），然而这一次我们只拿到了三等奖。对于陶靖学长来说，未能取得一等奖是一个非常大的遗憾，指导老师其实也挺失落的，当时每个人的表情深深地印在我的脑海里。我暗暗下定决心，要踏实努力，不吝啬自己的精力与时间，一定要在来年取得可喜的成绩。在当时高密度的课程安排中，尤其是团队中还有两名院学生会主要学生干部的情况下，我们每周抽出两天以上的时间前往实验室，积极地投身于实验研究。我们合理分配每个人的任务，自主探究实验方案，以多次实验确定其可行性，并反复研究其最佳反应条件。尽管有时因细微误差导致实验失败，但我们一直互相鼓励、互相开导。付出终有回报，我们终于合成了相关晶体。运用熔点测定、红外分析、元素分析、热分析、X－射线单晶衍射、量子化学等方法，测定了其分子结构、所含的官能团和稳定性。我们不仅需要调配不同浓度的化合物对 HeLa（人宫颈癌细胞）的抗癌活性进行测定，还要完成探究出配合物对 HeLa 癌细胞有较强的抑制活性的任务。在这之后，我作为第一作者协同整个团队成功在《衡阳师范学院学报》上发表了一篇学术论文。

2018 年，我开始直面我的目标，参加"第十届湖南省大学生课外化学化工创新作品竞赛"。因为有了第一次的经验，所以这一次我准备得更加细致。6 月份我在网页上查到我们团队获得特等奖的时候，十分激动，因为这意味着我们有了参加"湖南省第八届大学生化学化工实验与创新设计竞赛"（课外化工类创新作品）的资格，离我的目标更近了一步。当时临近期末，而我还要代表我们团队投入准备比赛，压力可想而知。但是我很清楚，这份压力下承载着的是导师和学长对我的信赖和期许，比赛前我一遍一遍地读着我已能倒背如流的答辩稿，因为我不想因任何一个失误而失去获奖的机会。功夫不负有心人，我们的努力没有白费，在 2018 年"湖南省大学生课外化学化工创新作品竞赛"中，我们成功取得一等奖，实现了最初的目标。

"你的拼搏终将成就你",这句话被很多平凡或不平凡的人证明了。听着校长的殷切寄语,回想起我的大学四年,回想起我在实验室的日日夜夜,回想起我无悔的科研之路,如果命运再给我一次重来的机会,我想我只会选择更早加入实验室,更早与我的恩师和队友相遇。

但行好事　莫问前程

——生命科学与环境学院　吴思雯

吴思雯，衡阳师范学院生命科学与环境学院2015级动物科学1班学生。曾获"第三届全国大学生命科学创新创业大赛"一等奖、衡阳师范学院2018年度"十大学习标兵"等荣誉，项目成果论文《猪腺病毒3型Protease蛋白在大肠杆菌中的表达及其抗体制备》在《中国畜牧兽医》2019年第7期发表。

> 吴思雯在日常生活中是一个很文艺的人，有一次她在晚上看巴金的《家》，为文中的情节所感动，泪水涟涟，第二天眼睛都是肿的。从没想过这样一个柔情似水的人竟然也会拿起手术刀，从一个弱女子变成女汉子。真心佩服她的果决，想做就去做了，看来命运真的会眷顾坚持到底的人。
>
> （2017级新闻学1班　张天一阁）

> 如何度过你的大学？尤其是面对不是很喜欢的专业，或者是对所学的专业不甚了解时。不要自怨自艾，动起来，去探索这个世界，去尝试可能的每一件事。吴思雯同学是幸运的，遇到了意外的惊喜，发现所学专业的延伸是自己的兴趣点，从而在不断努力中开启了不一样的人生。时光匆匆，白驹过隙；过去未去，未来已来。回望青春岁月，唯砥砺自我中奋然前行，方能不负芳华！
>
> （辅导员　许若霏）

"在中学当生物老师也还好，虽然学生也蛮调皮的。"漫步在老校区的林荫道上，我不由想着。回想着我的大学四年，有刚进大学的迷茫，有实验受挫时的焦虑，也有获衡阳师范学院2018年度"十大学习标兵"，与团队一同获得"第三届全国大学生生命科学创新创业大赛"一等奖带来的兴奋。在衡阳师范学院，我从曾经的彷徨到如今的稳重，经历了自己的别样人生。

迷茫　初入大学的日子

2015年9月,高考后我来到了衡阳师范学院动物科学专业。

第一年的大学生活出乎我的意料。动物科学专业需要了解常见动物的生理结构,实验中需要解剖动物。刚接触时,我的内心很煎熬,感觉每一刀都刺在自己身上。但我又觉得既然学了这个专业,就应该努力学好。"为科学而献身"这句话,是我上解剖实验课时时常安慰自己的。但有时凭这一句话还远远不够,解剖一只兔子,需要通过在心脏注射麻醉剂致死,麻醉速度越快,动物死去的痛苦越小。眼看着别的实验桌上的兔子很快就死去了,自己小组的兔子心脏依然在跳动,我无奈地坐在椅子上低头流泪,虽然我知道它是为科学献身的,但是看着它难受,我更难受。

除了日常要面对自己不太感兴趣的专业,身为班长,班内的管理工作也让我应接不暇。一次周末,我好不容易有空与朋友相约在南湖公园散步,游兴正酣时却突然接到通知:新校区将举办大型活动,12点前要上报参加活动的学生名单。此时已10点,时间太紧了,我马上与各个寝室联系,征求意见,组织人员。每天就这样忙忙碌碌的,我不敢让我的手机关机,也不敢让我的手机没电。

整个大一对我来说是一个较为艰难而迷茫的时期,自己也没有确切的前进方向。

惊喜　努力拼搏的岁月

2017年年初,一件意想不到的事让我大学四年的学习生活轨迹发生了重大的改变。这一年我有幸认识了我的导师——预防兽医学专业博士唐青海老师。唐老师主要从事动物疫苗、抗体药物和诊断试剂盒的研究。通过与唐老师的交流和受他潜移默化的影响,我惊喜地发现,相较于动物养殖方面,我对自己专业延伸到的生物制药领域更感兴趣。同年,我在唐青海老师的指导下,以"猪致病大肠杆菌五价卵黄抗体的研制"为研究方向,成功立项国家级、省级科技创新项目,并正式进入科研室开展工作。

既已选择,那便风雨兼程,奔跑的路上有风雨,也会有彩虹。人生就是这样,你往一个方向走的时候,会突然出现一些意外。意外可能是惊喜,也可能是惊吓,你不知道它会带来什么。申报项目时,我的准备时间并不多,实验课题的内容在以前的课程中也没有接触过,尽管老师讲解了一些理论知识,但整个课题对我来说依旧比较陌生。我与组员边查找文献边编辑材料。大二的课很多,课余时间我都在赶材料,晚上熬到两三点是常态,然后早上六点又要起床去上早自习。立项成功后,我正式开启了科研之旅。在这个项目中,我想通过研制疫苗,防治因大肠杆菌五价卵黄而引起的猪腹泻,提高猪的存活率。但想要进行疫苗制备,就要把疫苗所需的抗原蛋白表达出来,这其中最大的难题就是技术难度。我查阅了大量的文献、论文后发现,国内有关这个课题的资料极少,因而具体的科研工作开展需要自己和组员一起慢慢探索,同时还要抓紧时间与导师探讨,改进相关实验条件。

表达蛋白涉及的因素很多,与研究对象本身,选择的表达系统、表达载体,培养条件等都相关。比如,培养条件中的温度不易控制,因设备使用时间较长就会发热升温,可能会降低蛋白表达效率。我们这一步没有控制好的话,就要反复进行。生物实验对连贯性要求高,就像一杯热茶,60℃左右饮用最佳,冷了后口感自然欠佳。实验也要在最佳条件下进行,才有可能达到最好的效果。为了能够让实验持续下去,最繁忙的时候我与组员从早上8点开始工作,除了中午和晚上到食堂吃饭,其余时间都泡在实验室。因为不同的设备摆在不同的实验室,我们要二楼到一楼反反复复地跑,直到晚上10点多才被管理实验室的阿姨催着回宿舍。有时候我甚至想干脆搭一张床直接睡在实验室里。

我对所需蛋白表达的培养条件反复进行探索,甚至更换了感受态细胞,但是依然没有得到很好的进展。表达蛋白的实验步骤做一次至少需要两天时间,同样的实验步骤重复了三个月,对我来说最难熬的也是这三个月。当时实验进展不大,我很着急,挫败感渐渐占据上风。除了心理压力,天寒地冻也给我带来了麻烦。实验室的水温低,每次洗完试管后,手上的皮肤已经冻成淡紫色。氢氧化钠等危险试剂稀释后伤害虽然已经不大,但我的皮肤较敏感,因而常起红点,总觉瘙痒。记得有一次我为母鸡打了疫苗,准备从母鸡产的鸡蛋中提取抗体,然而第二天上午有一只母鸡死了,发现时它的身体已经僵硬。我解剖检查病变。当母鸡身体被剖开时一股恶臭扑面而来,我戴的两层口罩形同虚设。

实验进行一年后,项目终于取得短暂性进展。2018年5月,我开始撰写论文。其实单独做科研对我来说压力不大,但与此同时还要完成其他课程的学习就有些吃力了。我一边写研究报告和课题组的总结报告,一边准备着大三下学期的期末考试。这段时间我每天的睡眠时间只有四五个小时。因为长期使用鼠标,哪怕是自然状态下,我的右手都习惯性呈弓形,半个多月后才恢复正常。

2019年4月2日,项目正式结题。这一天我在QQ空间写下了:"梅花香自苦寒来,我始终相信无论哪种付出,都会是一种沉淀。我们一起经历默默铺路,只为让我们成为更好的人。也唯有时刻追求卓越，成功才能出其不意。"功夫不负有心人，我们的项目成果论文《猪腺病毒 3 型 Protease 蛋白在大肠杆菌中的表达及其抗体制备》在《中国畜牧兽医》2019 年第 7 期发表。

缓冲　新征程前的等待

2018 年 8 月，我进入考研备考状态。对于考研这件事，我的父母并不是很赞同，他们更想让我去考公务员或者当老师。但是父亲叮嘱我说："你要是认定了一个专业，就要专心致志地往那个方向走。"

长时间的高强度实验工作消耗了我较多的体能，以至于准备考研时，我总会感觉心力交瘁，精神状态不佳。老师对我的期望也加重了考研的压力。在后来的摸索中，我慢慢想通了，研究生能考上就考上，考不上也没关系，我的人生总是需要一个缓冲。

六月流萤染夏，转眼间已是毕业季。四年里我渐渐明白，人生就像一个数轴，每一个阶段就是上面的一小段。可能有一段时间里最重要的事是考研，考上了，就进入下一个阶段。如果没有考上，新的起点又在等着我。

"学霸班"的故事

——生命科学与环境学院 2015 级生物科学 2 班

衡阳师范学院生命科学与环境学院 2015 级生物科学 2 班，全班总人数为 45 人。2018 年研究生考试中报考人数 30 人，其中 20 人分别被湖南大学、中南大学、湖南师范大学、暨南大学、中国科学院华南植物园等 12 所高校和研究所录取。班内 1 人曾获国家奖学金、5 人曾获国家励志奖学金、多人拿过校级奖，5 个小组科技创新项目获校级立项。

> 同桌很拼，室友很拼，同学们都很拼，在这样一个环境中你不得不拼。在大学里如何学，决定了以后的人生怎么过。坚信努力才能改变命运，大家方能共同拼搏奋进、同心同向而行。虽然人生处处是机会，什么时候努力都不晚，但没有什么比大学时代多读几本书就能拥有一个美好的未来更便宜的事情了。
>
> （2015 级生物科学 2 班　刘玉琴）

> 2015 级生物科学 2 班在 2019 年研究生招考中被录取 20 人，成绩斐然。之所以能成为"学霸班"，得益于良好的班风和学风。青年如初春，如朝日，如百卉之萌动，如利刃之新发于硎。"志合者，不以山海为远。"他们一起笑着、累着、拼搏着、奋斗着。无励志，不青春，他们一直在路上。
>
> （辅导员　刘树芬）

青春有你　携手同行

大学伊始，从四川、福建、海南、湖南四省而来的同学们相聚在衡阳师范学院生命科学与环境学院 2015 级生物科学 2 班。

"我开始来到这个学校的时候，真的很迷茫。"康钦宇第一次开始寄宿生活。

"同学们既友善又热情,还很照顾我,帮助我适应大学生活。"刚踏入大学,同学们一个个亲切而友好的笑容慢慢消融着陌生感。

大一时,全班通力合作,完成以"绿光"为主题的环保T台秀,在2015年文娱晚会暨院十周年庆典上大放异彩,夺得一等奖。45个人齐心协力,各自提供创意与劳动,不论男女。"那时候大家都在参与。"班长吴丹说。深夜的寝室里,女生们设计版型,穿针引线,裁剪拼接。废旧的衣服、编织袋、床帘以及报纸在女生手中变废为宝。最后的节目中,2个男生与16个女生一起踏着自信的步伐,在聚光灯下惊艳亮相,展示着班级共同努力的成果。

女生节(3月7日)时,班委组织了一项特别的活动,由班上男生看女同学的背影说出至少10个女生的全名,否则就接受抄写该女生名字100遍的惩罚。一有男生猜错,大家就都忍不住笑。"这次活动带来了欢声笑语,也拉近了我们的距离,让我们变得更加熟悉。"团支书刘玉琴说。

学院举行第五届"心无旁骛,求真务实"辩论赛,大二的他们凭借自己的伶牙俐齿与清晰的逻辑,合力获得了"年级最佳辩论队"的荣誉称号。三月"学雷锋",去敬老院看望老人,去湘江边捡垃圾,去南郊公园集体野炊……一次次的班级活动使45颗心慢慢靠拢。

"我本是一个总看到他人缺点的人,但和同学们相处后,看到的便都是他们身上的优点。"四年时光,积淀出珍贵的情谊,同学们的身影在康钦宇心间那样明晰。

学风蔚然　认真钻研

临近教学楼关门时间了,蓝色的实验台前仪器却还在运作,吴丹时而手拿实验仪器,时而细细观察样本,为乌桕叶提取物对食用油脂抗氧化效应的研究科创项目做实验。上午测完一组数据,下午继续下一组数据的监测工作。在项目初期还要去湘江边采摘各种样品植物,每天定时观察生长情况并做记录。"考研和科创同时进行且大三上学期还要上课,但我们的实验每天都需要监测。"对于争分夺秒的考研人来说,时间上有些难以调整,但通过和项目伙伴的合作,还是比较完美地解决了两者之间的冲突。最终,项目获校级立项。凭借着充足的知识储备与实验经历,她成为中国科学院华南植物园的一员。

图书馆是他们平时学习的"好地方"。"我们班有很多同学平时放假就去图书馆,看到他们努力的样子,我总会担心自己期末会挂科。"康钦宇感叹他们班同学积极去图书馆学习的情形。

大学四年来,同学们在实验室做实验,磨炼专业技能,平时在图书馆内静心读书，在课堂上认真积极地学习，一股浓郁的学习氛围在他们班渐渐形成。

教育学原理课上，大家积极回答老师提出的问题，各抒己见；专业课上，第一排总是满员；下课后，讲台前总是围绕着几名向老师请教问题的同学。

在任课老师何丽芳的印象中，他们班从大一开始学风就非常好，她所教的生物化学、生物化学实验课出勤率基本达到100%，并且学生都会提前十分钟到达教室。"2015级生物科学2班这个班集体，有着蔚然的学风，同学们认真钻研，用自己的汗水创造了亮眼的成绩。"

研海同渡　相待而成

在衡阳师范学院每一个平凡的清晨，朗朗的读书声都会从计算机楼天台传出，云彩在蔚蓝天空中飘浮，密密麻麻的书页在清晨的微风中翕张。此时，2015级生物科学2班中一部分选择了考研的同学正在此处背书。

其中，王洁正在背单词，书本已翻到接近尾页。"考研时室友和研友都会相互鼓励，有时候会和研友交流学习方法和学习进度。"他们班考研的同学在考研征途上并不孤单，相互扶持着前进。

计算机楼的考研自习室里，明黄色的桌椅上堆积着厚厚的书本。王洁坐在学院专门为考研学生安排的座位上学习，空调驱散夏日的燥热，耳畔是研友翻书以及笔尖摩挲纸张的声音。她上午复习完专业课知识，下午就做英语题，做完后分析总结缺漏。晚上则根据定下的目标调整学习进度。日复一日，考研备战期间，她几乎每日如此。

"没有想过放弃，但会有松懈和不安的时候，这时我一般会放松一个小时，让自己的思路清晰一点，调整自己的心态。"王洁把对每天的规划落实到行动中，也会及时调整自己。身边的同学也过着寝室、食堂、考研自习室三点一线的生活。

"每次看到他们努力学习，自己就会有紧张感。"眼前同学们努力的身影激励着王洁前进，她最终考上湖南大学。

晚上十点多，康钦宇和李慧也从考研自习室回到寝室，两个并肩同行的影子在路灯下一点点拉长。她和李慧选择考研的专业相近，走在路上互相问对方题目，查漏补缺。随着耳畔的拂风，她们的压力也渐渐消散，她们约定好一定不能中途放弃。

"两个室友每天给我们煮各种好吃的，还很照顾我们的情绪，保障我们的后勤，特别让我感动。"李慧想起暑假考研备战期间，全寝室在校外临时租房。她们在刷题和背书，另外两个未选择考研的室友在背后支持着她们。

"那时特别激动,很感谢也很庆幸自己一直坚持,也感谢研友。"回忆起查考研分数的那一天,得知自己成绩斐然之后,康钦宇和李慧终于情不自禁地在电话里喜极而泣,为自己的努力没有白费而感到高兴。康钦宇考上中南大学,李慧考上南华大学。

大三时,班主任王志新老师在班级内特地组织了一场考研交流会。在此之前,学院已经全面组织过一次考研交流会。王老师用心为班里这群孩子的未来考虑,对同学们关怀备至,还时常到寝室和同学聊天谈心,了解同学们的生活。

在寝室里,同学们也是毫不懈怠地备战考研,互帮互助。室友们互相讨论考研题目,监督对方。"我还记得我们寝室三个考研的,临近考研初试的时候,会在寝室里讨论政治题目。"班长吴丹想起那段时光说道。他们班有人遇到专业方面不懂的问题,便会敲响隔壁寝室的门,考研专业相同或相近的同学便会为他解答;有时候还会资源共享,分享各自找到的资料。

考研备战,他们班齐心协力,共渡研海,终在彼岸开出灿烂的花朵。

前路明晰　无悔向前

对于未来的路,他们怀着不同的梦想与目标,或是读研深造,或是就业。

"她们好好考研,我就好好考编。"看到大家都在为自己的前程奋斗,选择就业的柏义辉步履不停。"我大学四年里,在学生会从基层的助理到团副,在一步步的实践经历中,学会了很多在与人交往的经验。"她之前也在学校机构内锻炼自己,之后一边实习,一边关注招聘信息。

"以前我对教师行业的认识是非常浅显的,后来实习时发现教师压力并不小。"实习增加了她的教学经验,加深了对教师职业的认识,她愈发坚定向前。"毕业后准备从事教师行业,回家乡发展。"目前柏义辉在考取四川的编制,已经进入复试阶段。

"考研是为了有一个更高的平台,更进一步地学习。"王洁目标很清晰,大学期间积极参加科技创新活动,这对她考研复试有很大的帮助。

在他们本身有了一往无前的目标的同时,学院和老师也在一旁指引他们前行,为他们提供助力。刘玉琴现在回想起来,她认为考研途中最深刻的是安静而明亮的考研自习室、炎炎夏日学院送来的浸润肺腑的瓜果、考研交流会与考研复试交流会上老师们的精心指导……

怀着自己心中的目标,在学院与老师的指引下,他们是青春里不迷茫的赶路人。排演厅前,身着学士服的他们面对镜头,粲然而笑。

砺志篇

关键是要学会思考、善于分析、正确抉择,做到稳重自持、从容自信、坚定自励。要树立正确的世界观、人生观、价值观,掌握了这把总钥匙,再来看看社会万象、人生历程,一切是非、正误、主次,一切真假、善恶、美丑,自然就洞若观火、清澈明了,自然就能作出正确判断、作出正确选择。正所谓"千淘万漉虽辛苦,吹尽狂沙始到金"。

——2014年5月4日,习近平在北京大学同师生代表座谈时讲话校训"砺志",语出清·李渔《慎鸾交·久要》:"待我砺志青云,立身廊庙,做些显亲扬名的大事出来。""砺",磨砺,磨炼。"志",意志,志向,理想。"砺志",磨炼意志,亦有追求远大志向、理想之意。对当代青年大学生而言,"砺志"表现为为实现自身成长、成材,实现个人理想等宏伟目标而坚定意志、不畏困难、开拓进取。这既是一种过程,亦是一种结果,青年人"初生牛犊不畏虎",皆应保有"砺志"的精神面貌。本篇主要展示我校2017年度、2018年度"榜样的力量"评选活动推选的"砺志之星"的优秀事迹。

扬梦想之帆　绘精彩人生

——美术学院　曾月园

曾月园，衡阳师范学院美术学院2015级绘画1班学生。曾获"中国大学生自强之星"提名奖、国家励志奖学金、湖南省资助征文三等奖等荣誉。

> 曾月园同学是一个非常温柔、热心而又优秀的人，她的成绩一直名列前茅，是我们学习的榜样，同学们在学习上遇到困难只要去问她，她一定会仔细地回答，把问题解决。在生活中，她大方和气、讲究卫生，她的寝室总是整洁干净的，没有一丝凌乱。而且她散发着乐观的气息，每次见到她，她都是满脸微笑，很温和友善。
>
> （2015级绘画1班　陈雅慧）

> 这是一个命途多舛的女孩，出生三个月时，被诊断出先天性血管瘤；这是一个勇敢坚毅的强者，命运对她如此不公，但她始终微笑面对；这是一个奋发有为的青年，在校期间荣获"中国大学生自强之星"提名奖；这是一个品学兼优的学生，成绩屡获专业第一，平均分保持在85分以上，先后两次获得国家励志奖学金；这是一个表现优秀的党员，她始终以党员标准严格要求自己，尽管身体不便，却竭尽所能地以自己的行动影响和带动同学，为集体贡献力量。
>
> （辅导员　梁峻豪）

我来自一个平凡的家庭，父母都是普普通通的农村人。他们虽没有接受过高等教育，却有异于常人的毅力和坚强，不管遇到什么挫折，他们始终都是坚持不懈和积极乐观的。

我在出生三个月时，被诊断出患有先天性血管瘤；九岁时，我左腿高位截肢，逐渐丧失对生活的向往。但幸运的是我的父母从不用粗暴方式解决问题，而是以平和温暖的方式来和我沟通。一直以来，他们比我还有耐心，也始终对我的成长充满希望，不断地鼓励和陪伴我。也许是父母对我深沉的爱感动了上天，幸运之神从天而降,才让我在一次次成功率极低的手术中转危为安,能继续每天以微笑面对生活中所有美好的事物。

父母虽在生活中给了我满满的爱,但在学习方面,对我要求很严格。我也很努力,学习成绩还不错,在班上总能名列前茅。到了高中,我也开始成熟起来,对未来也有了更加明晰的想法,更加憧憬自己的理想大学。后来在选择专业时,我不顾父母和老师的反对,选择了成为一名美术特长生,因为画画是我一直以来的爱好,陪伴我走过了漫长的"求医童年"。

促使我走上绘画这条路的人,是我的爷爷。爷爷是位退伍老兵,常喜欢和我讲他们当兵时艰苦奋斗的日子,也常说现在美好的生活来之不易,要珍惜,要努力,不要畏惧任何困难。爷爷的谆谆教诲,深深地留在了我脑海里,使我在今后的日子不再害怕风雨。小时候我特别喜欢临摹,对着家里的小鸡、小鸭可以画上一整天,是爷爷,坚定地认为我的"作品"很有灵性,尽管生活条件极其艰苦,省吃俭用的爷爷还是给我购买了大量的绘画专业书籍。

由于家庭负担重,父母年迈且患疾病,我会利用假期办美术培训班来支付我的部分学费。这段经历使我深深地感受到:教书育人不是一件简单的事,它是一项汇聚责任、义务与使命的高尚事业。所以,我计划在以后的生活中,不仅要用心画画,更要学会用心育人。

大二时,我参加了一次支教活动,我和团队成员走进了"春晖之家"。在那里,有十几个失去父母且身有缺陷的孩子。我负责对接的是一位脑瘫小女孩,名叫豚豚,她漂亮、乖巧、坚强,喜欢画画。当豚豚独立完成自己的作品,咧嘴冲我甜甜一笑的时候,我感受到自己心灵受到了冲击。那份由内而外的喜悦和感动,来得那么明确。我坚信,人的力量是无限大的,即使站不起来,不能说话,也可以通过自己的努力,用另一种方式表达自己!

绘画是一个很让人享受的过程,它能带领我感受生活、发现生活中许多美好的事物,也能激励我遇到更美的自己。当前,我侧重于自己专业知识的提升与技能的培养,给自己的目标是打好绘画功底。我决定通过考研,来加深对专业知识的学习和研究。

因为身体的缺陷,我也时常感到自卑、沮丧。但是,没有人能够替代自己,代替我去实现我的梦想,代替我爱我的父母!著名的艺术大师柯罗,也曾因相貌平常而遭受冷眼,然而柯罗以他独特、卓越的绘画技巧,以他异常斯文、精致、复杂的画风超过了同时代的人。柯罗对他的母亲说:"您知道不知道,自打创世以来,世间一共只有三个智者:苏格拉底、耶稣基督和我!"人活着,就该有这份自信!因此,今后的人生,不管遇到什么风雨,我都将带着这份自信,勇敢地走下去。

没有令人赏心悦目的外表，你可以有丰厚的精神积累；

没有左右逢源的性格优势，你可以有坚强的人格力量；

即便你无貌无才，不还可以有温柔敦厚的传统美德吗？

就算你不温柔、不贤良，爱发脾气，活泼好动，还可以说："这人特有个性！"

所以，我们要做自己，敞开心扉去爱生活，感受大自然的美丽，收获人情的温暖和学习的乐趣。不必纠结于自己的外表，时代的审美标准从来就不是一成不变的，与其盲目跟风，追求别人眼中的帅或美，不如做好自己，培养自己独特的风格和气质。因为真正的美，是由内而外散发出来的！自信，使我更耀眼！

心之所向 素履所往

——物理与电子工程学院 陈胜

陈胜,衡阳师范学院物理与电子工程学院2015级物理学3班学生。曾获国家励志奖学金、全国大学生数学竞赛(湖南赛区)二等奖、湖南省物理竞赛二等奖、校一等奖学金、校三好学生等奖项。

> 在与陈胜熟识之前,我就早已在老师和同学们的称赞声中听过他的名字。在大家的共同认知中,陈胜的确是个"大神"般的人物。作为一个"学神",陈胜没有恃才傲物的高冷,而是一个仗义又热心肠的人。他对待科研和学习,刻苦钻研;对待自己的人生目标,执着上进;对待生活中的人和事,清澈明朗,心怀善意。他身上的这些闪光点,不仅让人称赞,更值得我们去学习。我认为,拥有这样一位朋友,是一件很骄傲的事情。
>
> (2016级物理学1班 刘熊芳)

> 遵纪守规,热爱集体,为人朴实,性格内敛,特立而不独行,内敛而不孤单,低调时不与人争锋,高调时脱颖而出。你信奉自强不息、厚德载物,你追捧大智若愚、处变不惊,你怀揣梦想之心,加上勤奋和好学的加速器,我相信,你必将得到梦想和希望的青睐。
>
> (辅导员 田赛男)

我出生在湖南省长沙市一个普通的家庭,说普通也不恰当,因为事实上家中已经接近清贫的状态了。直到现在,家里很多东西是赊来的,全家的重担都落在我年老而又伤病缠身的父亲肩上,仅靠微薄的收入供我和姐姐上学。每天放学回家,桌上都只摆了一个不见荤的菜,而我却不觉得那有什么。日子平平淡淡地过,但我的志向却从未平淡过。

众望所归的背后,是百炼成钢

我常常激励自己:"所谓无底深渊,下去,也是前程万里。"

最开始,我在学习上并不是那么上心、努力,带着些许叛逆的我打算此生就这样浑浑噩噩地度过,为自己在班上算个中等水平而暗暗窃喜。我总以为自己还小,直到看到父母日渐衰老,精力不济,我才彻底醒悟过来。

那一年,父亲在工地不慎从电梯井摔下来,导致背脊骨骨折,但好在抢救及时,保住了性命。从此家里唯一的劳动力不能再从事重体力劳动了,我们的生活也变得更为艰难。无良包工头不愿承担过多责任,本想打官司,却因为无力再支付高昂的诉讼费而被迫撤诉。这期间的无奈和煎熬,如人饮水,冷暖自知。

经历过这件事后,我开始发奋学习,经过几百个日夜,我终于通过自己的努力考上了重点高中。但一开始我是完全跟不上学习节奏的,老师在上面讲得慷慨激昂,我在下面听得云里雾里。因为农村学生知识面较为狭窄,也没有太多的资源去学习,成绩最多只能在普通班中排前几名,而在全校的排名却不尽如人意。我开始感到害怕和无助,可是谁又能帮我呢?还是得靠自己。我开始节省自己的生活费,购买辅导资料。逐渐沉迷于读书的我慢慢明白,只有知识才是完全属于自己的,任何人都夺不走。也许是厚积而薄发,我在一次又一次的月考中打败众多重点班的同学,跻身全校光荣榜的前排。

百炼成钢的背后,是迎难不惧

努力终有回报。后来,我考入了衡阳师范学院,并有幸成为物理与电子工程学院大家庭中的一员。刚进入大学时,我对学校有点失望,对自己的大学生活也有点茫然。大一匆匆而过,我的成绩一般,平平淡淡。虽然在外人看来还勉强,于我,却是失落和羞愧。很多时候我选择一个人走,因为孤独对我来说是一剂良药,可以让我拥有清醒的头脑,而清醒的头脑也容易让人做出正确的选择。我在校园小道上走着,路旁的树被风吹拂着,摇曳着一地银辉。经过一段时间的学习和自省,我终于明白,其实重点大学和普通大学的老师并没有多大区别,主要的区别在于学生,其实我做得还远远不够。

后来每逢寒暑假,我自发去工地上打工,一是为了贴补家用,为父亲分担;二是卧薪尝胆,作为对自己的磨砺。我体会到了社会的残酷和自己的微不足道,心中有着愤懑和无奈。可再无奈，还是得坚持下去。我是男子汉，就应该有韧性，绝不当逃兵！节假日我哪都不去，只是在家刷题。我深知时间宝贵，学习已刻不容缓，所剩的机遇越来越少，我只能尽量抓住每一次机会，并全力以赴。当很多人在玩游戏时，我不为所动，依旧坚持看着学习视频。以铜为镜可以正衣冠，可能学习对于我来说就是一面镜子吧。

自此，我从未放松过任何一门课的学习。我认为每门课都有其存在的意义，学习的目的不只是赚钱，还是为了遇见更好的自己。即使在周末，我也不会浪费学习的好时光，天蒙蒙亮时我已坐在自习室里学习，桌上堆着一摞书，旁边放着一杯豆浆。也许在学习生涯中，我是孤独的，但于我而言，一个人的时候思路更为清晰。孤独会让人真正地思考。我想，如果某一天，我被命运踢到万丈深渊，我也能凭着自己学到的知识，搭建起云梯成功脱身。在大二，我的成绩、综合素质测评均位列班上第一。参加比赛时，我的态度是，要不就不报名，要参加就抱着拿奖的决心去对待每一次比赛。参加比赛是为了突破自我，有激情才会有动力。在大学期间，我曾获得省级高数竞赛二等奖、校级大学生物理竞赛二等奖、校级高数竞赛二等奖、校级生科竞赛三等奖、校级计算机知识竞赛三等奖等省级和校级荣誉。但我从不轻浮，踏踏实实地走好每一步，因为经历过失败，就决不允许再来一次。

现在的我，是自信的。一个题目，我不仅仅是要做出来，而且要做到完美。我曾看过一段话，在这里想跟大家分享：不知道自己想做什么，就先把身边的事做好；不知道自己能去哪里，就先走好现在的路。迷雾里你或许只能看见眼前的五米，但一步一步重复将五米走下来，雾就会慢慢散了。等待和拖延只会夺走你的动力和你的激情。我之所以一直努力、一直前进，是因为用成功赢得的尊重更值得欣赏！

生命总是在磨砺和蜕变中变得坚强，总要经历百转和千回，才知何去何从。生命也不断地在蜕变中历练，在历练中成长，在成长中提升，在提升中完善。身处岁月长河的我，着一双素履，往心之所向前行，不问归期，唯有前行！

立根破岩，无畏向前

——教育科学学院　贺佩

贺佩，衡阳师范学院教育科学学院2016级教育学1班学生。曾获全国大学生英语竞赛校级三等奖、优秀学生干部、校"2018年年度励志之星"等多项荣誉。

> 我喜欢与贺佩开玩笑，说她就像是朋友们的心灵导师，"金句"频出，三观极正。听她说话，无论是抚慰人心的甘泉之语，还是一起玩笑时的轻松应答，都让人十分舒服。在快节奏的生活中，她总能找到适合自己步调的生活节奏；在一些关乎"人生选择"的事情上，坚定地"手起刀落"，从不含糊；对于自己所热爱的事情，会不顾一切地去奋勇追逐。无论何时何地只要她在身边，朋友们都会觉得特别安心。努力的她，就像是一个小小的发光体，你总能见到一丝光亮。
>
> （2016级教育学1班　刘洋）

> 积极乐观、独立自强是对你最好的评价。清贫的家庭并没有让你放弃，而是给了你继续前进的勇气。面对学业一丝不苟，面对同学肝胆相照，面对老师坦荡有礼，面对班级无私奉献。遵纪守规，堪称表率；尊师重学，可当楷模。你不忘初心、坚韧不拔的精神和热爱生活、勇于尝试的良好品质，让老师相信：没有你做不到的事情！
>
> （辅导员　曹喜燕）

高尔基曾说："一个人追求的目标越高，他的才力就发展得越快，对社会就越有益。"我想，我注定是一个爱追逐梦想的女孩。

我出生于一个贫困的家庭，看到了父母太多的艰辛，从小那颗想要为家庭分担的梦想种子就在我的心中萌了芽。我坚信："遇到挫折永不放弃，尽自己最大的努力去克服。"小学时我摔下楼梯导致左腿粉碎性骨折，由于当时的农村医疗条件差，无法通过打石膏来固定，只能缠着厚厚的绷带等待痊愈。但我知道学业繁重，没有选择在家静养，而是在缠上绷带的第二天就返回学校，我不想落下任何一节课，更不想再辛苦本就年迈的父母。初中时我不幸患上中耳炎，导致右耳听力受损，课堂上有时跟不上老师的速度，于是在医院输液时提前预习课堂内容、晚上复习巩固，以便跟上老师的进度。皇天不负有心人，我在期末考试中取得了班级第四的好成绩。高中时我患有遗传性肋间神经炎，只能长期靠药物止痛，但我从没有对生活和命运有任何抱怨。我坚信，只要自己不对挫折低头，就一定能够战胜困难。

进入大学后，学习任务更轻松了，生活更自由了，但我仍然没有忘记父母的期待与辛劳，更没有迷失自己。大一时，我根据自身实际确定了学习目标，并且找到了一套适合自己的学习方法。除专业知识外，我积极涉猎课外知识，拓宽自己的视野，增长自己的见识。课外也积极参加学校、学院组织的各种文化活动，在收获荣誉的同时，也在收获成长和幸福。

我始终坚持着一条信念——若真想要什么，那就好好努力，用自己的力量去获得自己想要的东西。为了给家里减轻负担，更为了让自己提早融入社会，我在暑假期间做促销兼职，顶着三四十度的高温，在露天广场进行瓶装水促销，一天工作十个小时挣几十块钱，除去当天的餐费，其余的钱都存下来当大学的生活费。这份苦让我觉得很有成就感，因为除了父母开学给的 3 000 元，我一整年都不曾再伸手向父母要钱，我也体会到了吃苦耐劳这一美德的好处。

我常常思索，自己作为一名新时代的大学生，我能做些什么，应该做些什么。虽然已经在长假期间主动投身社会服务，但我总觉得不够。2017 年暑假，家乡发生洪灾，许多地方都是淤泥和垃圾，在当地政府的号召下，我义务加入清扫队伍，前往受灾较严重的地区打扫卫生和消毒。当村民看着我不太成熟的脸庞问我时，我自豪地说："我是一名大学生。"那种——我在代表我们这个群体参加社会活动，努力塑造人们心中对大学生的良好形象；事后我义务给小学生进行学习辅导，力所能及地帮助他们解决学习上的困扰，鼓励他们努力读书——像我的长辈曾经教导我的一样。

生活总是这样五颜六色、出其不意，我们会遇到很多人生中的第一次，或许是幸运，或许是挫折，但我始终坚信，保持着内心的正直，定能攻破所有的难关。所以，不论生活有多艰苦，我都将保持一颗善良之心、向上之心去迎接生活中的每一个难题、每一个未知数，做最真实的自我，尽自己最大努力来回报社会、服务社会。

新世纪的大学生们，托起自己的理想，拨亮心中的那盏灯吧。认真地计划自己的学习、规划自己的成长、设计自己的人生，让那只栖息在你心中的鹰，展翅高飞，掠过市井的硝烟，超越你曾有过的脆弱与迷茫，向着理想升腾的高地，向着火红的太阳，向着蔚蓝的高空，向着我们主宰的明日无悔翱翔。

国旗下那一抹灿烂的微笑

——体育科学学院 蒋芬芬

蒋芬芬，衡阳师范学院体育科学学院2016级体育教育6班学生，湖南省第十三届人大代表，湖南省残联田径队运动员。曾获巴西里约残奥会单项400米第四名、团体100米接力第一名，"中国大学生自强之星"标兵，湖南省三八红旗手称号，湖南省五四青年奖章与湖南省劳动模范称号等。

> "越努力越幸运"，芬芬在我印象中就是这样的一个人。虽然生来有些小瑕疵，但这并没有对她造成太大的影响。芬芬总是很积极乐观，和每个人都相处得十分融洽。在体育方面有天赋的她，近几年取得了很多优异的成绩，但她依旧很低调，从不过分炫耀，还一直在默默地努力，背后不知付出多少汗水。不得不说，芬芬是一个非常值得交的朋友。
>
> （2016级体育教育6班 周敏）

> 蒋芬芬百折不挠，自强不息，是当代大学生身残志坚的典范。她自小患轻度脑瘫，却在体育方面展现出惊人天赋，即使受伤也坚持训练，尽全力为祖国争光；她勇夺里约残奥会团体4×100米接力金牌并刷新世界纪录，摘取亚残会、世界残疾人田径大赛多项金牌；她用坚韧不拔的毅力在各大运动赛场上焕发青春光彩，换来诸多荣誉，却始终不停止追逐的脚步。她是当代大学生学习的榜样。
>
> （辅导员 彭伟家）

这一刻，时间定格了！

领奖台下响起一阵接一阵热烈的掌声，台前飘扬着耀眼的五星红旗，面对这一切，台上的我感觉世界在这一刻戛然而止。当主持人念到中国代表队获奖的时候，我发现，这一切不是梦。我一直记得这个日子——2016年9月16日！这一天，我与来自国家队的3名队友在巴西里约残奥会田径女子100米接力比赛中，以50秒81的成绩为中国代表队夺得了一枚金牌，并刷新了世界纪录。走下领奖台，我和队友们抱成一团，喜极而泣。回想这一路走来，不知有多少辛酸坎坷。

被上帝相中

十九年前，一个婴儿呱呱坠地，这个婴儿便是我。我出生在湖南省永州市东安县一个农村家庭。出生时由于脐带缠绕脖颈，所以轻度脑瘫，影响了我左手的运动功能。身体上的缺陷，使我产生了自卑的心理，我想让自己变得和正常人一样，变得更加强大，于是爱上了体育运动。

从上小学起，我就一直参加体育训练，而真正带我走上体育这条道路的，是我的体育老师，也是我的舅舅——唐德祥。在我中考体测的那一天，我的每一个体育项目都取得了满分的好成绩，非常开心。舅舅在汇总体育成绩时，发现我可能拥有惊人的体育天赋。他与我进行了一番非常深刻的谈话，我抱着试一试的心态，开始进行较专业的体育训练，并严格按照运动员的要求去训练自己。这些高强度的体育训练，对于常人来说是难以忍受的，更何况我的左手运动功能生来就存在缺陷，因此每一项训练于我而言，难度都翻了倍。但我并不畏惧，依旧坚持刻苦训练。因为我知道：成功永远属于努力拼搏的人！

拼命又挑剔

2014年3月，我十分幸运地被省残联相中，选入省残联田径队作为短跑运动员培养。带着这份被选中的欣喜，我开始了超负荷的训练：跳楼梯增爆发、负重练习发展躯干肌肉、车轮跑提步频、高抬腿提步幅……为了能提高零点几秒的成绩，每个项目别人练一个小时，我练两个小时；别人跑一遍，我跑两遍，哪怕常常累到喘不过气，但我仍咬牙坚持。努力不一定就有回报，我发现自己起跑爆发力不足的短板依然存在，左右手失衡仍是我的拦路虎。起初，我常常因为这件事情感到沮丧和困惑。明明自己加大了训练强度，但速度的变化却不明显，我开始怀疑，自己是否真的有能力成为一名合格的运动员。很长一段时间，我迷茫地训练着，泪水与汗水相互交织在一起。短短一个星期，我瘦了10斤。不服输的我知道不能再这样下去了，主动找到教练，向他倾诉我的训练近况和心中的困惑。教练耐心地对我进行了一番心理疏导，让我不要急于求成，短跑运动员想要提高速度是一个既漫长又困难的过程。我开始静下心来，摒弃浮躁，专注地投身到每日的训练中。终于，皇天不负有心人！在2014年湖南省第九届残疾人运动会上，我取得了100米第一名、200米第一名、400米第一名的好成绩，心中的激动难以言说！

自那以后，我似乎有一段时间找到了适合自己的训练状态。一场接一场的比赛朝我走来，我的时间慢慢地被训练充斥着，学习的时间少了。直到2015年6月，我面临人生中的两件大事——全国比赛和高考。这二者给我的压力，令我无数次思考：前进的道路是否一片漆黑？我是否可以承受住？压力如山堆积在我的身上，让当时年仅17岁的我，不知所措。直到在训练场上发挥失常的那一刻，我没能控制住自己的情绪，大哭起来。情绪得到宣泄后，我心中仍有千万分不甘心，都走到这里了，就只差那一步了！

白天，严格的训练加上酷热的天气，让我有时候感觉下一秒就会窒息，但每一次冲刺到终点，迎面吹来的风使我的身体再一次复苏。我将衣服拧干，擦去额头上的大汗。哪怕只是快了0.01秒，我的努力也值得。

奇迹创造者

我把白天的时光交给赛道，夜间是属于我的学业。

如果说白天的训练是身体上的磨炼，那么晚上的学习更是身心的考验。我在台灯下一遍遍做题，就如在跑道上的我：希望快一点再快一点，我要跑过时间！时间嘀嗒嘀嗒地走着，窗外的月亮不见了，只剩下满天繁星。我相信，终有一天我也可以像星星一样发光。

无论是比赛还是高考，"不认输"是我的态度，因为我比别人清楚，成功必须由无数个星辰陪伴的夜晚堆砌而成，而机会只会留给有准备的人。终于，2016年8月，我被衡阳师范学院录取，9月我在四川成都的全运会上获得团体100米接力第一名并破世界纪录。我竟然成功了！

如今，我有了另一重身份——湖南省第十三届人大代表。这不仅是对我的一种认可，更是一份责任，但最令我高兴的是，我可以帮助更多的人，特别是和我一样的特殊人群。我深知：世上还有许多像我一样身有缺陷却一直不放弃的人，所以我也希望毕业后尽己所能，为特殊人群事业献上自己的一份力量！

从出生到现在，我没有自带光环，也没有璀璨耀眼的背景，有的只是自己在梦想这条道路上不断付诸汗水、不断努力罢了。而命运总以不同的方式，在我的生命中画上一笔又一笔，令我的生活多姿多彩！我也愿意接受命运的挑战，做人生的强者！

无畏之心　熠熠生辉

——文学院　李灿昱

李灿昱，衡阳师范学院文学院2015级汉语言3班学生。曾获校一等奖学金、"优秀学生干部标兵"、"优秀共青团干"、衡阳师范学院第二届"互联网+"大学生创新创业大赛一等奖、衡阳师范学院"2018年年度励志人物"等荣誉。

> 大学这四年，她成绩优异，收获了不少荣誉奖项。她有很强的组织能力和学习能力，交给她的事情都能保质保量完成；她不仅是班上的风云人物，也是学生会里受人喜欢的干部，更是老师的好帮手、学弟学妹们的好榜样。生活中的她喜欢和朋友们玩耍嬉闹，爱撒娇、爱大笑、爱大声说话。这四年的学习路程，让她变成了她期待成为的模样，也成为我们的榜样！
>
> （2015级汉语言文学3班　秦冬春）

> 大仲马说："人生就是不断遭受挫折与追求希望。"人的一生不可能总是平平坦坦，风平浪静，在这条漫长的旅途中，我们难免会遭受大大小小的挫折与失败，没有经历过失败的人生不是完整的人生。没有河床的冲刷，便没有钻石的璀璨；没有挫折的考验，便没有不屈的人格。正因为有挫折，才有勇士与懦夫之分。你不畏家庭困境、不畏生活压力、不畏挫折逆流而上的精神，证明你是生活的强者。
>
> （辅导员　方慧）

励志如熠熠之星，积生命能量；励志如星星之火，燃创造热情；励志如火红之日，聚奋斗信念……若问励志如何体现？在逐梦路上，我携向阳无畏之心、立迎难而上之志、展逆风生长风采，用实际行动书写出属于我的特定答案。

打我出生那天起，我的家庭背景就已成定局。没有殷实的家境，没有富丽堂皇的城堡，没有身居高职的父母。但是，在这个家中，我却学会了一样至诚可贵的东西：命运在自己手中，奇迹由自己创造！

一棵小树苗如果害怕疼痛而拒绝园丁的修剪，就永远无法成材。这个道理我们都懂，但是要做到，实在太难了！经过高中三年的努力，我考入衡阳师范学院。此后，我时常提醒自己，要努力学习，奋发向上，不辜负老师及亲友对我的期望。

可天有不测风云，2016年10月，父亲突遇车祸，住进了医院重症监护室。听到这个消息的我，犹如晴天霹雳。时至今日，我仍记得那晚的自己是多么的伤心和无助，哭到撕心裂肺直至浑身无力。直到那一刻，我才真正意识到：我必须长大了。

步入大学后，我为自己制订了严格的大学四年学习计划。大一第一年，我和其他人一样，被学院学生会的招新吸引，为了进入自己心仪的部门，准备了很久的面试、挑选了合适的衣服，只为在面试台前一展风采。功夫不负有心人，一周后，结果公示，我成功入选了。这一消息，对我来说，不仅是莫大的肯定，也让我的大学生活发生了质的变化。回顾大学四年，我从文学院分团委学生会素质拓展部干事成为部长，再到学生会副主席；从疯狂美语协会副会长助理成为副会长；从雁回文学社文娱部助理成为部长……

这一切的一切，皆来之不易，都是靠我的不断努力争取而来。而每一个岗位上，都留下了我的汗水、欢笑与泪水，留下了我太多的感情。"在其位，谋其职"，是我做学生干部一直坚持的信条。我组织开展了丰富多彩的校园特色活动，如策划了寒假、暑假社会实践活动，以及特色征文比赛，组织了文学院学生特色培养项目"三个一工程"（即"每天一练""每周一篇""每日一说"）等活动。一切的努力没有白费，几年下来，我多次被评选为"校优秀学生干部""校优秀学生干部标兵""社团积极分子"，也成为同学们口中那个"传奇女大学生"。得到这一切，我很欣慰，因为我一直坚信：奇迹是由自己创造的。

我积极参加青鸟志愿者协会组织各类志愿活动，如捐赠图书给山区小朋友、去敬老院送温暖、为福利院的孩子捐旧衣等，只要一有空闲时间，我便会去各个地方的敬老院、福利院，陪伴老人和孩子。同时，怀揣着一颗教师梦的我，也一直在"曙光小学"参与爱心支教活动，不仅是为了传递自己所掌握的知识，更重要的是为残疾儿童送去积极向上的生活态度。

尽管在学院连续三年担任学生干部，但对学习，我提醒自己一刻也不能放松。工作和学习之间，我总觉得自己时间不够用，恨不得每天再多两个小时。于是早出晚归成了我的日常生活状态，每日晨读、自习，成了工作之余必不可少的环节。课堂上，我铆足劲儿去汲取知识，课后，我更会尽力挤时间去复习。因为我知道"早起的鸟儿有虫吃"这个道理。

一次偶然的机会，我接触到了科技创新大赛，我与几位志同道合的伙伴共同组成一支队伍，在指导老师的带领下，我主持的项目获得了湖南省大学生研究性学习和创新性实验计划的重点项目立项。2016年春节,当所有人都在家中与亲人团圆时,我远赴永州江华为团队的论文进行实地考察,带领团队成员搜集当地的一手资料、采访当地村民、查阅100余篇文献资料。功夫不负有心人,最终我带领团队写作的论文获得衡阳师范学院第17届大学生课外学术科技作品竞赛重点项目立项及一等奖,调研报告也获得了文学院2016年优秀社会实践报告。紧接着,2016年10月,我组织队员参加衡阳师范学院第二届"互联网+"大学生创新创业大赛和"创青春"衡阳师范学院大学生创业大赛,分别获得一等奖和金奖。

星光不负赶路人。几年下来,我经手的每一份工作都能高质量地完成,学习也能很好地兼顾。一等奖学金、春华秋实奖学金、国家励志奖学金……每一道光环都将成为过去,我始终把它们当成激励自己前行的动力,而不是骄傲的资本。

什么样的生活才是有价值的生活?我觉得自己已经找到了答案。那就是努力成为自己想要成为的人,实现自己的梦想,然后,尽己所能地帮助需要帮助的人,帮助他人也实现梦想。未来,我会带着一颗无畏之心,不断完善自己,砥砺前行,相信终能"熠熠生辉"!

八个手指也可以撑起我的梦想

——法学院 李芬芬

  李芬芬，衡阳师范学院法学院2016级知识产权1班学生。曾获2018年"校十大励志人物"、2018年湖南省"新诤信杯"知识产权竞答赛二等奖、校一等奖学金、校"三好学生"等荣誉。

>   芬芬是一个骨子里带着不服输精神的女孩子。倔强、不服输的性格造就了现在不畏困难的她，也照亮着她身旁的同行人。在我的眼中，她是一个非常优秀的人，总是能带给我信心。无论是在学习上还是在生活中，她都用不屈不挠的精神面对生活中的每一次挫折，这种精神不仅支撑着她越来越强，也感染着周围的每一个人。
>
> （2016知识产权1班　何芳琴）

>   总有一种力量让青春的步伐昂首前行，总有一种感动让我们慷慨激昂。自强不息就是这种力量，就是这种感动。李芬芬同学是自强者，她用青春的足迹证实了平凡的英勇原来也可以如此精彩。她将坎坷命运的心酸深埋于心底，以蓬勃向上的姿态积极乐观地生活。相信，崎岖小径的尽头必是宽阔的大道。
>
> （辅导员　黎兆萍）

  我叫李芬芬，出生在湖南一个偏远山区的贫困家庭，平凡之中上天给我注入了一些特殊因子：先天性左手肢体残疾。儿时，在小伙伴们的眼里，我成了"另类"。艰苦的生活环境及自身身体的残疾并没有磨灭我奋发图强的志向，反而造就了我坚强的性格和不屈不挠的韧劲。

  由于左手少了两个手指，相对来说左手力量比较小，干农活时，总慢半拍，挑重物、拧衣服等正常的生活也会出现障碍。我觉得自己不一样，而我确实也想成为"不一样"的人。

  欧拉说："如果命运是块顽石，我就化作大锤，将它砸得粉碎。"我开始练习左手的力量，让它适应正常生活的需要；我亦开始挑战命运，想让自己脱颖而出。

小学时的我特别敏感、孤僻、自卑，形单影只，但其实我也有丰富的世界，因为从那时起，我把自己更多的时间用在了学习上，也逐渐发现了学习的乐趣。努力就有收获，小学的我屡次被评为"三好学生""优秀少先队员"；中考时我更是以总分890分考入隆回二中。这是一份至高的荣誉，那一刻我真的觉得自己"不一样"。

进入高中后，课程安排得满满当当，但我对这一切已经轻车熟路。我调整学习计划，成绩突飞猛进，进入全校前70名。可能人生总需要一些转弯吧，我前面的路走得有些顺畅，便需要经历曲折。当所有人都以为我会考入一所重点大学时，高考前奶奶去世、复习压力过大及对自身期望值过高，导致了我高考失利。

我曾沮丧过，这种难受就像丑小鸭努力想成为白天鹅，却被一记闷拳打回现实。但真的只有丑小鸭和白天鹅这两种归途吗？我不那么认为，反而觉得来衡阳师范学院，让我接触知识产权专业，是我展示"不一样"的另一次机会。

在衡阳师范学院法学院，我不仅找回了自己的初心，还找到了法律人的一个梦：有一天站在法律史长河的溯岸，自己不是旁观者，而是塑造者。

大学期间，一方面我继续秉持最初的信仰，用扎实的知识基础构造自己的人生底座。一次性通过了英语四、六级考试，大一学年成绩班级第一，荣获2016—2017学年一等奖学金，荣获2017—2018学年"校三好学生"称号……

作为一名知识产权专业的学生，我对这个专业的喜爱近乎痴迷，我想把专业知识打牢，想把中国的知识产权扩大化、现代化、国际化。还记得在2018年湖南省"新诤信杯"知识产权知识竞答赛中，我和三名同学共同代表学校出征。那是长达两个月的备战，从最开始的五门专业知识梳理到最后500道真题。因为长期用眼过度，我患上了眼睛干燥症，看书时间一长眼睛就干涩刺痛，最开始我用眼药水克服，后来眼药水也不管用，我便锻炼了我的特殊技能——闭眼听书，把需要背诵记忆的东西诵读录音，一遍一遍地播放。我不记得具体重复播放过多少遍，但看到争取来的"亚军"奖杯，觉得一切都值得。更重要的是，看到奖杯我就会想起这段峥嵘岁月，仿佛看到知识一点一点地被我吸入大脑，酣畅淋漓的感觉从发梢贯穿至脚尖。

理论与实践是密不可分的，可能理论带给我酣畅淋漓，但实践却并非易事。如何将课本知识转化成实际运用法解决日常法律问题呢？如何才能像职业律师一样在法庭上侃侃而谈，为当事人做一场精彩的辩护呢？为此我联系了长沙弘权知识产权代理公司的负责人,在家里协助其整理专利代理的文件,在大二寒假期间,我在其公司做实习生;为深入了解民法中"民商合一"制度,深入超市开始实践;加入湖南省法律援助中心衡阳师范学院工作处,跟随律师为弱势群体提供法律援助;同时担任组织部副部长一职,多次组织开展活动,推进法制教育。

接触到法律这个行业以后,我觉得弘扬正义、造福于民应该是一个永恒的追求。不因幸运而故步自封,不因厄运而一蹶不振,是我一直以来的初心。

铿锵玫瑰，军中木兰

——计算机科学与技术学院 李明潞

李明潞，衡阳师范学院计算机科学与技术学院2015级信息管理与信息系统1班学生。曾获2017年湖南省高校大学生暑期"情牵脱贫攻坚"主题实践活动"优秀大学生志愿者"、衡阳师范学院"2016—2017年度优秀学生干部"、衡阳师范学院"2015—2016年度优秀共青团干"等荣誉称号。

> 我认识的明潞，身上有着北方姑娘的爽朗大度、与人为善，外表看似坚强，实际内心温柔细腻。在学生会共事三年，我觉得她是个有责任、有担当的女孩子，果敢勇猛，能设身处地为他人着想。
>
> （2015级网络工程1班 李蓉）

> "天行健，君子以自强不息。"这句话在你身上体现得淋漓尽致。家庭的苦难，成就了你坚韧不拔的品格。大一时，你收起红装，换上武装，用柔弱的肩膀扛起了社会的和谐，在辽阔的大海上，书写中国女兵的青春梦想。坚韧不拔的意志和勇于吃苦的奉献精神一直伴随着你。你的坚强，你的勇敢，你的善良，无时无刻不在影响着身边的每个人。
>
> （辅导员 徐峰）

伟人之所以伟大，是因为他与别人共处逆境时，别人失去了信心，他却下决心实现自己的目标。伟大的背后都是苦难，成功的背后都是坚持！

人生路上风雨常有

幼时，母亲因车祸不幸离世，我是父亲一人拉扯长大。父亲身上总有种魔力，让我不惧风雨。单亲家庭的阴影并没有影响我，我依旧性格开朗，阳光大方。但2014年父亲被查出患上淋巴癌，脊柱处病变导致瘫痪在床，做了一场大型手术后，都需要定期进行化疗，每天依靠着药物才能勉强减轻痛苦。在北京医院做手术时，由于血库血量不足与对应血型缺少，必须以血换血，我毫不犹豫为父亲献了一袋血，那一刻我的脑海里没有其他想法，只想着父亲能早点康复。最后手术成功了，我也终于松了一口气。

2018年寒假，父亲病情再次加重，多次入院，最长一次时间竟超过一个月。说实话，那时我确实十分害怕，在经历失去母亲的痛苦后，我不想再失去父亲，于是，一有空我便去陪伴父亲、鼓励父亲，尽管内心害怕父亲的病情再度恶化，但是我告诉自己，我需要坚强，才能更好地面对父亲，也才能将病魔驱逐出去。

不悔入军营

2013年，是我人生中一个比较特殊的时期，我做了一个大胆的决定——大一的我毅然决然地报名参军，成为一名光荣的海军女兵。现在回头想想，其实当时想法不多，只是单纯想体验一把当兵的滋味儿。但也正是这一次不经意间的举措，改变了我的一生。在这两年的军旅生涯中，日复一日的艰苦训练磨砺了我的身心，使我的意志更加坚忍。第一年刚入伍当兵时，真的觉得特别苦，每天又饿又累又困，甚至想过要放弃，但是身边那群战友一直不停地鼓励我，我咬着牙，接受这场不一样的挑战。在部队里会遇到很多的苦与乐、哭与笑，我也经常会把情感倾注笔下，以文字的方式将心中的万千思绪寄给远方的家人和亲友，一来一回的书信，承载了无尽的思念与鼓励。父亲的期待与支持，是我源源不绝的动力。

退伍后，我一直很怀念那段军旅时光，怀念与我一起奋斗、一起努力的队友。部队里有种说法叫"铁打的营盘，流水的兵"，因为这里面饱含着一种特殊的感情。经历多了，对相遇相离也看得开。生活如潮水般起起落落，时间的流动总是要带走什么，但只要你愿意，你也可以跟流动的天边说"再见"，也可以坚强面对一切，追逐梦想和信仰。

扬帆追逐梦想

2015年9月退伍后，我返回衡阳师范学院继续学业，翻开了人生征程崭新的一页。在初入校时，我有过一段低迷期，感觉各方面都不适应——在部队里时间紧凑，没有较多个人时间；而大学的课余生活丰富多彩。我一下空出那么多的时间，不知道该如何管理，一度让我无所适从。我慢慢调整心态，凭借在部队里的韧劲，改变低迷期的自己。经过一段时间的调适，我又重新找回了那个活泼开朗的自己，我不禁感叹，生活的样子都在于自己的认知。

在衡阳师范学院求学的几年里，我从分团委助理到学生分会体育部部长，再到后来的学生分会主席，一级级的锻炼，慢慢让我改变了很多、成长了很多。在部队里学会了"服从命令，听从指挥"，而在学生会更多地学会了如何独立组织和协调，从被"管理"到自主"管理"，这种身份的转变让我学到很多——做事情更需要发散思维，如任务布置时的部门协调、人员分配等。印象最深刻的莫过于，在大二做体育部部长的时候，第一次组织学院参加大型体育活动，方方面面都需要做得很细致，不懂的地方和不会的地方有不少，我必须虚心向他人学习，吸取经验及教训。这的确极大地提高了我的组织能力、语言表达能力和社交能力。我们付出很多，但看同学拿到奖牌时，自己激动得恨不得高歌一曲。

2017年暑期，我报名参加了"情牵脱贫攻坚"的主题活动，这次活动对我而言也是一场心灵的洗涤。天气炎热，路途遥远，我们快走到山顶时才发现几户人家。在这十多天的乡村驻守中，我跟随着团队走访了数十家农村家庭，与村民们进行了调研和交流，了解到了许多书本上根本学不到的知识，更了解到扶贫队伍的不易。也正是这时，我才真正意识到，原来在社会的角落仍有一群需要帮助的人。那我是否也应努力，日后为改写国家偏远乡村的命运贡献自己的一份力呢？

在生命的长河里，各种苦难都是锻炼。世上能让自己后悔的事不是失败，而是从未尝试。大多数的错失，是因为不坚持、不努力。只要做好自己，不放弃，不服输，努力地追求自己的梦想，定能梦想成真，因为我一直相信：你若盛开，清风自来！

爱我所爱，敢想敢做

——新闻与传播学院 邱丽娟

邱丽娟，衡阳师范学院新闻与传播学院2015级广告学1班学生。曾获国家奖学金、"第十届大广赛"影视类广告全国三等奖、"第六届百事校园最强音"总决赛全国10强、校"2018年年度励志之星"等多项荣誉。

> 邱丽娟同学是一个敢于追寻自己内心的"疯子"。热爱写作的她，常常写稿到凌晨，黑白颠倒，只因她觉得夜间的灵感更多，这让我觉得她像是"黑夜的精灵"。我很喜欢不走寻常路的她——独特、坚定，不在意外界的看法，明白自己想要什么。不论是做公众号还是唱歌，只要是她想做的，就会不顾一切地做好。
>
> （2015级广告学2班 刘雍）

> 我们都不是生来被神眷顾的孩子，可岁月漫长，我们无所畏惧，因为每一个用尽全力奔跑的人，运气都不会太差。你阳光可爱而执着于学业。我相信，你的未来定能跨越风雨，为遇见更好的自己而奔跑。
>
> （辅导员 齐春媚）

夜幕降临，掩住了星，遮住了月，却遮掩不住舞台上耀眼的身影。我享受每个站在舞台的瞬间，聚光灯打在身上，仿佛这个世界只剩下我和音乐。歌声缓缓轻泻在舞台上，我的心也随之荡漾……

我叫邱丽娟，敢想敢做是我的代名词。广告创作、唱歌比赛、主持大赛……平行时空，多元生活，这就是我。

我来自农村的一个普通家庭，家里四个孩子的教育费用让本就不富裕的家庭更加拮据。作为家里最小的孩子，我却并没有得到父母较多的宠爱。父母长期不和睦，我记不清有多少个夜晚伴随着父母争吵的声音入睡，唯有音乐给了我一丝慰藉，犹如海面上升起的太阳，给潮湿阴暗的海底照射进一束阳光。

成长是一篇等待谱写的乐章，等待着我们谱写出一个个扣人心弦的乐符。许是音乐照亮了我潮湿自卑的心，家庭的不和谐并没有让我对生活失望，反而激发了我无限的乐观和对未来美好的向往。我不抱怨上天没有给我一个幸福的家庭，家中四个孩子，父母唯独将我栽培为大学生，我就已经很幸福了。父亲在我的成长道路上并没过多地指导和关心，对我说得最多的一句话就是读书靠你自己，要是读不出书那就像你姐姐一样出去打工。

我并不埋怨父亲的"冷漠无情"，反而一直用这句话激励自己。我知道，我不能决定自己的出身，但我能决定自己的未来，心里装着广阔梦想的人，无论在哪里眼睛都闪着光。

进入大学后，我时刻铭记自己的使命：好好学习，天天向上。我从不把它当作一句口号，而是将它当作鞭策自己每天努力向上的警钟。

人只有在极易失去的时候才会懂得珍惜，因为懂得学习机会来之不易，我更加热爱学习。大学三年，我每节课都坐在前排，认真听讲，为了我的梦想，我不敢有所松懈。大一到大三，自己多次走上讲台展示自己的作品，每次都有新收获、新感受、新进步，这不仅锻炼了我随机应变、能说会道的能力，还提高了自信心和胆识。

星光不问赶路人，时光不负有心人。在不断努力下，我先后获得了国家奖学金、国家励志奖学金、校级一等奖学金等多项荣誉。大学不仅仅是学习的场所，更是绽放自己的舞台，我一次次突破自我，追寻自己的内心。一次偶然的机会，我又捡起了音乐的梦想。

那是第十四届校园十佳歌手比赛，不是科班出身的我在唱歌技巧上并不是那么出色，初赛和复赛时的表现也很一般。但不服输的我并没有放弃，歌曲在耳机里一遍遍循环播放，我把自己的歌录下来，唱了又听，听了又唱，一字一句地咬音纠错。

因为热爱，所以坚持。凭借着一腔热血，我一次次站上舞台，只要有机会我就唱，从毕业晚会、社团表演到十佳歌手、百事校园最强音，从开始的没有人认可到后面的获得"胡桃里·弹唱巅峰决赛"福建赛区冠军、"第五届百事校园最强音"衡阳赛区冠军、"第七届百事校园最强音"衡阳赛区冠军等荣誉。没有谁的成功是唾手可得的，我也并不是一步就可以成功的，但人生没有白走的路，你走过的每一步都算数。

有了第一次站上舞台的经历后，我一发而不可收。我享受那种站在舞台上的感觉，想把喜欢的歌大声唱出来。我不为荣誉而唱，为的是结识在音乐上志同道合的各路高手，学习和吸收他们的音乐精华，为的是自己的梦想和未来。

也正是这些经历让我明白，那些你觉得值得的事情，就应该坚持到底。要学会忍耐，要相信一定会苦尽甘来。

有人问青春是什么，于我而言青春就是不断试错的过程。朋友对我说："人活着不需要什么梦想，普通家庭的人注定普通。"我用自己倔强和不服输的蛮劲反驳了他："我普通，但我的梦想不普通，我的付出不普通。"

如果说音乐是照进我心灵的阳光，那么广告学就是我生命中的太阳。我热爱音乐，同时也专注于我的专业，但我的创作之路并不是那么顺利。为了检验自己的广告创作能力，大二上学期我制作了两个广告视频参加"学院奖"大赛，遗憾的是并未获奖；大二下学期我花费大量的时间，用心制作了一份广告策划，仍未获奖；大三我总结经验和不足，更加用心地创作、拍摄、剪辑，就连指导老师也对我的作品很是满意，我心想上天这次总该看见我的努力了吧，但结果仍是差强人意。虽屡战屡败，但凭借着不服输的蛮劲，我屡败屡战，最终获得了第十六届"学院奖"春季赛文案类广告全国佳作奖，这份荣誉不仅是对我创作的肯定，更是让我继续前进的动力。

所有看上去毫不费力的时刻，都来自没日没夜的努力。大学三年，我的内心更加强大，更加独立自主，也有了更加明确的目标：成为广告行业中最会唱歌的"十八线艺人"。为了这个目标，多少个夜深人静的时候我还在创作广告、进行公众号创作，甚至做到凌晨四五点；多少次比赛和活动我挤出时间准备，甚至连饭都没时间吃；又有多少次我独自承受来自家庭的打击、评委的否定，却还坚持着自己喜欢的事情。青春就像一首歌，无论面对怎样的困难，我都会引吭高歌，勇往直前。

我相信天道酬勤，付出总是会有回报的。大学的这几年，我编写了49个原创短剧本、7个广告脚本；导演了33支原创微影视、13支戏剧表演；参演了32支原创微影视、9支现场演出；自拍了38支原创短视频、2支小纪录片；配音了7支广告片旁白、9支搞笑片旁白；制作了12支主创广告作品；更新了40篇"邱十八超魔"公众号的原创推文；创作了11首原创歌曲；等等。这些努力的时光如同闪亮的星辰，照亮我整个人生。

敢想敢做，这就是我。虽然人生有种种不确定性，但我相信，我终究能穿过漆黑的夜，走过坎坷的路，渡过湍急的河，收获自己想要的人生。

生活几多磨难，再苦也不言弃

——法学院 邱宇

邱宇，衡阳师范学院法学院2015级历史学2班学生。曾获全国大学生英语竞赛湖南省二等奖、校二等奖学金、校第三届计算机知识竞赛优秀奖、三好学生、校"2018年年度励志之星"等多项荣誉。

> 邱宇是一个善良、乐观的女孩子，和她交往让人觉得很安心。大学期间她担任了班级多项职务，十分热心地为同学们服务。作为一名衡阳本地人，离家近成了她热心助人的一大理由，身边的朋友若有什么事情找她帮忙，只要她能够做到的，绝不会推辞；对于学业，她亦是十分刻苦努力，大学期间多次获得校级奖学金，今年更是顺利地考上了华南师范大学研究生。如此优秀的她，未来定会更加精彩。
>
> （2015级历史学2班 方雅进）

> 邱宇同学人穷志不穷。三元理发店支撑起童年的梦想——让妈妈过上好日子。勤奋而踏实，是所有接触过她的人对她的评价。她考上了研究生，取得了优异的成绩，以实际行动践行了承诺与担当。
>
> （辅导员 钟佩玲）

当我们初识这个世界时，当我们踏上人生旅途的第一步时，便有数不清的希望混合着磨难出现在这条路上。我们一边生活，一边思考到底怎样过好一生，怎样面对苦难，但谁都不能给出答案，或许真正经历过人生并走到最后的人才能明白。

身处荆棘，不畏不惧

二十二年前的一个夜晚，我降生于这个世界，嘹亮的哭声让母亲手足无措，对于母亲来说我是上天赐予她的最好礼物，而我与世界的相识却充满着艰险。

这份艰险缘起于 1996 年,母亲外出打工时出了车祸,手术费花去了家中的全部积蓄。后来母亲有了一段短暂的婚姻并且怀孕了,但车祸的后遗症影响着母亲,就连医生也说母亲的身体不利于生产。

幸运的是,1997 年我和母亲都挺住了。我很感谢母亲没有放弃我,勇敢地让我来到这个世界。但命运似乎在刁难母亲,在从医院回外婆家的路途中,突然下起了暴雨,导致山体滑坡,母亲乘坐的客车差一点就滚落山坡,险之又险。生命是如此来之不易,命运在磨难中又是如此眷顾我们,在襁褓中的我还不懂得这世间的艰险,是母亲让我在现世中获得一份安稳。

我孑然一身来到这个世界,却并未得到父亲的关爱,是母亲用爱和坚强抚养我长大。母亲因车祸成了残疾人,时至今日仍受后遗症的羁绊,经常头晕头昏、精神不振,医生说母亲不宜操劳,但她依旧拖着虚弱的身体谋生,只为让我过上更好的生活。

母亲的坚强勇敢与生活的不易让我更加无惧风雨,有时候我觉得自己就像是那蔷薇花,身处荆棘,但我相信,终有一天我会开花。

志存高远,逐梦而行

在我小学毕业那年,母亲为解决我上中学的费用,筹集资金开了一个"3 元理发店"。

这家街边理发店很小,占地面积只有 2 平方米,狭隘的空间只能放下一些工具和椅子,容不下其他多余的物件;但它又很大,因为它承载着我和母亲生活的全部希望。这间小小的理发店占据了我的整个青春,每天放学回来我在店门外写作业,母亲则给顾客修理头发。多少个夏日的黄昏,我放学回来,看见余晖洒在母亲身上,而她呢,总是笑盈盈地给顾客理发,好像那些不幸从未发生。

因为母亲的理发店是全城最低价,慢慢有了名气,许多低收入人员甚至大老远跑来理发,多少年过去了,母亲依旧没有涨价。我问母亲缘由,她说来理发的人也不容易,收入只要供得起我读书就行了。

面对生活中的种种不如意,我一面牵挂着日益辛劳的母亲,一面更加努力上进。白天我在学校认真学习,放学后回到理发店帮母亲打扫卫生或是做一些家务,到了晚上,小城安静下来,我埋头做题,与时间赛跑,我知道自己并不聪明,唯有更加努力才能考上大学,让母亲过上好日子。小小的理发店见证了我的成长,我的事迹也曾被《衡阳日报》报道,题为《三元理发店里的高考梦》。

时光也被母亲的理发刀一茬茬收割殆尽,2015 年 9 月我如愿考上了大学,来到了衡阳师范学院。二十年来的艰辛与奋斗,这些经历成为促使我努力盛开的阳光。但开花还不够,我还要扎根结果,我要努力成为一个坚忍的人,保护母亲。

时光不语,静待花开

大学四年,无疑是我成长最为迅速的阶段。我褪去稚气,多了一份成熟与坚定,学着怎样成为一个更好的人。

我始终相信,上天为你关上一道门的时候,总会在别处为你打开一扇窗。我来自这样一个家庭,内心深处柔软敏感,那个敏感柔软的自己如一颗小小的花苞,好在上天为我打开了一扇窗,阳光照进我的心里。我学着用真心与他人交流,卸下坚强,同时也得到了他人真心的关爱。时日长久,那个敏感自卑的我不见了。

我积极融入班级,迈出勇敢的第一步,担任班长,学着为他人服务,督促自己成长。至今还记得第一次组织班级活动时的手足无措,还记得第一次主持班会时那个怯弱的自己,也记得第一次受到同学夸奖时的欣喜。是的,我在努力生长,我在努力开花!

在人生的道路上,我较早体会到人间冷暖,受过白眼,遭过驱逐,也正因如此,我想要用自己瘦弱的肩膀担起一个家的责任,给母亲安定快乐的生活。正所谓,坚强不是面对悲伤不流一滴泪,而是擦干眼泪后微笑地面对以后的生活。

如今的我已是一名大四的学生,我不知道何时才能让母亲过上好日子,也不知道未来是什么样,但我很感谢那个坚强并且坚持的自己,让我在困难的土壤里努力扎根。我也相信上天不会辜负每一个努力的人,我要做的就是努力向上,静待花开。

成长真的是件很美妙的事情,能够让曾经胆小的人去面对挑战和困难,慢慢把她培养成能够独当一面的人。生活纵有几多磨难,又何所惧,只要扎实地生活在这片穹庐下,领略身边最美的风景,珍惜每个人的善意,世界就还是美好的,生活就仍有希望!

苦难是上天化了装的祝福

——经济与管理学院 释宗乐

  释宗乐，衡阳师范学院经济与管理学院2016级财务管理1班学生。曾获大学生英语竞赛省级一等奖、国家励志奖学金等荣誉。

>   释宗乐，一个积极上进的女生。她十分积极，有毅力，只要是决定去做的事情，就会尽最大努力做好；生活中她也很独立，犹如一位大姐姐，常常与同学们交心。记得大一时，班上的同学只知道宗乐的成绩优异，但很多人不知道宗乐在背后付出了多少——每日坚持早起，不到七点就出发去自习室，一直待在自习室里学习，晚上很晚才回宿舍。这也让我十分佩服她：得有多大的自律性，才能坚持啊。
>
> （2017级财务管理1班 邓永花）

>   出生的不幸，并没有为不幸的生命画上句号，不向命运低头的你，一次又一次地演绎奇迹。你对生活始终充满希望，对未来有清晰的规划，懂得珍惜时间，善于在逆境和失败中捕捉下一个新的目标并调整自己的心态，适应新的环境和新的目标。为了使你青春的"刀"更锋利，请继续勇敢地面对挫折吧！
>
> （辅导员 李翠）

  一百个人有一百种命运，有的人可以一条路一走到底，有的人却注定要曲曲折折。不过谁也不需要羡慕谁，因为生活的压力总会让你拥有未知的魔力。

  永远无法忘记，在出生几个月的时候，由于父母"重男轻女"的观念，我就这样被抛弃了。一个毫无自保能力的婴儿，要如何才能在世界上生存下去？我不知道，可能这是上天给我的最大挑战。幸运的是，我被一所庙宇收养。庙里的师父含辛茹苦地将我抚养长大，仅靠着一点补助金和养老金供我生活，劈柴、种菜、烧水、煮饭，日子也就这样一天一天地过去了。庙宇里的生活虽然清贫，对我而言却是最温馨的。即使生活已到了捉襟见肘的地步，师父还是咬着牙送我读书。我心里也明白，能够读书便是莫大的福气了。

原以为生活就这样平平淡淡地过去了，但在初二那年，师父突发重疾，那一瞬间，我感受到了从未有过的绝望和无助，好像在大海中漂浮，竭尽全力眺望远方的灯塔和满天的繁星，想去寻找那一丝丝的光亮作为希望。时间猝不及防给了我一记重拳，我不得不以百倍的速度快速成长起来，谁都知道这条路艰险，必须有人挑起这份重担。经济条件不好，那我就边学习边想办法赚钱；师父身体不好，那我就抽出时间陪她。但是当邻居们为我送来旧衣服，当村委会时常上门慰问我和师父时，不经意间的感动却给了我无尽的力量。我知道，这次挑战还没有结束，我也不会放弃。

面对美景，有人只会说"真好看"，有人却能说"落霞与孤鹜齐飞，秋水共长天一色"；感叹人生，有人只会说"年轻真好"，有人却能脱口而出"鲜衣怒马少年时，一日看尽长安花"。我知道，读书是我改变命运的武器。尽管庙里的环境不好，但跺跺脚就能给自己莫大的鼓励，偶尔间抬头望向天上稀稀疏疏的星光，我告诉自己——看，尽管乌云压着，还是有星星突破障碍，正在闪烁光芒。

2016年，我考上了衡阳师范学院。进入大学以后，我也收到了国家助学金，学院里的老师非常照顾我，而目前我所能做的，就是好好读书、好好生活，独立自强、感恩奉献。在生活中，遇到困难想办法独立解决，或者和老师、同学分享，我发现，办法总是比困难多。重要的是在化解困难的过程中，我收获了一种生活体验，只要对他人、对生活付出百分百的热情，充满自信，世界绝对会报你以微笑。生活虽然过得拮据，但是不颓丧，而是更加清醒和明朗。

我珍惜来之不易的大学生活，更加严格要求自己——课堂上专心听讲，课后大量查阅专业相关的文献。我不希望自己"书到用时方恨少"，常常一有时间便扎进书堆，听不见外围的一切杂音，在书海中"偷"着乐。在那一年半的大学时光里，我努力地让自己突破生活中的乌云，变成那颗慢慢放光的星星。我考取了商务英语中级证书，成功获得了大学生英语竞赛省一等奖，我想一步一步往上爬，撕破生活对我的桎梏！于是，我潜心静学，认清目标，不断克服学习上的困难。我相信，优秀不再只是幻想，是由自己创造的！

独乐乐不如众乐乐，独成长不如众成长。我喜欢孩子，更喜欢教师的工作。还记得我初出校门，第一次找到一份属于自己的工作时，心中别提有多么高兴了，因为有了收入，便能减轻师父的压力，让她不那么累。

每一次在与孩子们交流的时候，每一次看着他们真挚的、渴求知识的眼神的时候，我总会更加向往日后成为师者的我。一直以来，我尽量不去在意外人对我出身的看法，因为我不能改变出身，但我能改变后天的命运。所以我愿努力，成为自己想成为的那个人，在星空中散发光芒！

当我凭借勤工助学补助和奖助学金,支撑学业和生活的时候,就无比地开心。我深知:成功不易,皆是由一点一滴的努力汇集成的,只有肯做、肯吃苦,才能真正慢慢成熟,蜕变成优秀的模样。我很感谢命运的一切安排,虽是不幸,却也是幸运的,因为我遇见了师父,遇见了一批又一批在困难时期帮助我的人。是他们,给了我爱,让我重新看到了生活的希望,也才能够变成今天的自己。我也坚信,在未来的人生路上,我一定会拥有不凡的经历。感谢生活给予我的这一切,吾志所向,一往直前!

只见格桑花开　闻得一路清香

——教育科学学院　童明莲

童明莲,衡阳师范学院教育科学学院2017级学前教育1班学生。曾获青海省第四届残疾人运动会女子铁饼项目第三名。

> 认识两年了,在我眼中她一直是一个坚强的姑娘。她做事很谨慎,心地善良且单纯,总能照顾到他人的感受,因此人缘很好。她为人正直诚恳,尊敬老师,团结同学,待人有礼,是关心班集体的好同学,能主动完成班级交给她的各项工作。我相信,像孩子一样纯洁阳光的她,一定会一直美下去!
>
> (2017级学前教育1班　袁玲)

> 没有翅膀,却飞得更高。你的人生经历,让人钦佩,令人感慨。生活的不幸、命运的不公,让你更早地感悟到生活的艰辛,学会了珍惜生活,珍惜来之不易的机会;在厄运面前,你创造了一个又一个奇迹。愈挫愈勇,让我们自愧弗如;愈挫愈勇,是我们无价的精神财富;愈挫愈勇,使我们明白,绝处尚能逢生,何须怨天尤人!上帝对每个人都是公平的。风雨之后,定会见彩虹。
>
> (辅导员　王有斌)

伤痛,是必不可少的磨砺

我的家位于偏僻的大山深处,家中有四口人,母亲患有高血压和心脏病,做不了重活,哥哥为帮父亲分担家庭重压,读完高中后就辍学打工了。家庭主要经济收入源于农作物收成及父亲和哥哥农闲时打工所得。虽然生活贫困,但一家人心系在一起,所有的苦也都变成甜的了。

家中的平静与祥和,是在一个晴朗的早晨被一声刺耳的刹车声打破的。那天，我和哥哥同往常一样背着书包走在熟悉的马路上，我记得当时心里还在期待当天的体育课，并且暗暗下决心跑步时一定要再次夺得第一名，还在想妈妈中午会给我和哥哥做什么好吃的呢。可就在这时，我的耳边突然听到哥哥近乎绝望地大喊着我的名字。

不知道过了多久，我只记得醒来时眼中只有父母苍老疲惫的面容以及布满血丝的双眼，我迷茫地问父母，到底发生了什么，为什么我浑身都疼，为什么我全身使不上一点力气。母亲终是忍不住，背过我捂着嘴，肩膀不停地颤抖，父亲也不愿与我多说，微笑地和我说，一切都会好起来的！我心里似乎已经隐约知道了什么，我不敢去求证，却又想立马知道结果。但每当我开口询问时，他们却始终避开这个话题。我只好以绝食相逼，母亲似乎用了很大的力气才与我正视，抚摸着我的头，柔声告诉我，我的左小腿从膝盖下方被截肢而且右腿粉碎性骨折。我接受不了这样一个打击，崩溃了。我真的不知道该如何面对这个事实。手术后回到家，每当身边的人向我投来异样的目光时，自卑感和失落感就油然而生。在很长一段时间里，焦虑、恐惧、绝望感围绕着我。为什么车祸会发生在我身上？

成长，是跌跌撞撞的坚强

所幸我待在一个充满温暖和善良的班级里。我记得出院后刚回到班里时，会有人贴心地帮我挪开桌子和椅子，上体育课的时候会有人一起陪着我坐在树荫下聊天，甚至每当课代表和小组长收作业时，不等我自己起身，他们便主动来收取我的作业……而我因手术落下的功课，任课老师们都会在下课之后为我答疑解惑。老师和同学们无微不至的关怀和帮助，让我终于走出来了那段昏暗而又迷茫的时光。调整心态后，我将全部精力扑在了学习上，终于如愿来到了衡阳师范学院。

大一刚到校时，我和所有刚刚步入大学校园的同学一样，对大学生活、对未来充满期待。而大一无疑是探索和发现的好时期。凭着一腔热血，我参加了三农学社、演讲与口才协会，在这儿我锻炼了实践能力和表达能力，认识了很多来自天南地北的朋友。除此之外，我也去竞选了学院里的早晚自习督察员，在成功当选后，我制定了一系列相关制度，督促同学按时早晚自习，并维护自习中的学习纪律。成为督察员不仅使班级学习氛围更加浓厚，更让我自己变得更加自律，以身作则。

北方和南方气候差异大。刚进校时，我因为气候不适应，在学习和生活的过程中遇到了很多的问题，高温中暑、出痱子是时常的事情，随着气温慢慢降低我也能扛过去。但最大的问题是残肢总是会不断被磨破，会因衡阳夏天长久的高温天气而发炎，我必须付出很大的努力才能像普通同学一样正常生活、学习。虽然残肢几乎每天会出状况，但我不会因为腿疼而请假、缺课或迟到。我自知身体上的不适不能成为不学习的理由，我身上还有很多不足，我需要通过不断学习来改进我的不足，使自己取得进步。我的心里有一个西藏梦，我知道，只有通过努力学习，夯实自己的专业基础，才能实现它。

梦想，是一路乘风破浪

在学院领导、老师和同学的帮助下，我慢慢熟悉了校园环境，一步一步地克服了生活和学习上的困难。大一的充实学习，使我更加明确今后的发展方向，坚定了努力目标，也让我在今后的学习中充满了动力。在学习之余，我也会积极参加教育科学学院组织的各项志愿活动，如校园文明巡逻，食堂文明劝导，高铁站文明劝导等。志愿服务给了我一个很好的锻炼机会和实践舞台。通过志愿服务，我的心灵变得更加清纯透彻，我对志愿服务也有了更深的认识，助人助己，乐人乐己。

"你的脸上云淡风轻，谁也不知道你的牙咬得有多紧。你走路带着风，谁也不知道你膝盖上仍有曾摔伤的淤青。你笑得没心没肺，没人知道你哭起来只能无声落泪。要让人觉得毫不费力，只能背后极其努力。"这是刘同在《你的孤独，虽败犹荣》中让我感受颇深的一句话。我平时看得最多的便也是刘同、村上春树和太宰治的书，他们的书有一种强大的精神力量，鼓舞我在人生道路上勇敢前行。虽然上天为我关了一扇门，但我相信上天一定会给我开一扇窗，而且窗外一定会有美丽的风景。即使命运多舛，我也绝不会屈服。

"身体残疾了，身心很健全，身体有缺失，道德很高尚，身体虽不足，意志却坚强！"我很喜欢这句话，也一直在用实际行动践行着它，因此，毕业填报志愿时毅然决然地选择了定向西藏。虽然西藏条件十分艰苦，但我相信只要用心去做，我一定可以做出卓越的成就。我想以这样的方式回报社会，我心中有国，心系边疆建设，怀一颗仁心，想做对社会有用的人！

一朵开在贫瘠土地上的向阳花

——经济与管理学院 万登香

万登香，衡阳师范学院经济与管理学院2014级物流管理1班学生。曾获"金桥国际杯"第一届湖南省大学生物流设计大赛一等奖、"滨购优选杯"校园创业大赛三等奖、科技创新"大学生创业泡沫"三等奖等奖项。

> 对万登香的第一印象是笑容甜美、善良、乐观开朗，像一朵向阳花，充满活力。不仅如此，认真学习时的她更是迷人。她是一个非常认真严谨、肯钻研的女生，能够摒弃浮躁，静心学习。也正是这样的她，让我深深感受到，原来一个人的魅力真的不仅仅局限于外表，更多的是由内而外散发出来的气质。
>
> （2014级电子商务1班 曾曼）

> 万登香是一位阳光、积极进取的同学，出生在贵州边远地区，家境的贫寒给了她奋发向上的动力。面对不幸的家庭和个人遭遇，万登香同学在逆境中奋发图强，凭着坚忍的品质和坚定的信念，一次又一次渡过难关。无论任何时候，她微笑面对，砥砺前行。她在生活的考验中成长、成熟，回报着家庭、回报着社会，像一株向日葵，明艳而阳光。
>
> （辅导员 彭雁）

人们都说，赢在起跑线上的孩子，才有机会得到跨入成功殿堂的门票。而我，可能就是那个被上帝遗忘了的人，并没有拿到"入场券"。

在一个十多平方米的小破屋里，拥挤地生活着一家四口。摇摇欲坠的小破屋，好似一个风烛残年的老人，轻轻一碰，房子就要崩塌。而我与家人在这样的环境下生活了数十年。父母自小都是孤儿，家中没有任何依靠，所以我们一家四口成了彼此最重要的人。父亲和母亲是一家小工厂里的工人，家里的经济条件也一直不好。没读过什么书的父母，一心期盼着我和弟弟能够成凤成龙，他们唯一的心愿便是我和弟弟都能考上一所好大学，走出这封闭落后的大山，到更大的世界去闯去拼，因为他们相信：知识才能改变命运。

高中三年的厚积薄发，让我如愿考上了大学，来到了衡阳师范学院。这里，不是我的梦中情人，却是我的知心爱人。在这个陌生的城市，我在心里默默地告诉自己：一定要在这里闯出属于自己的天空！

我依旧记得，第一次去学生会竞选时的情景。出身农村的我，感觉被贴上了自卑与失败的标签，浑身都透露着不自信，生怕别人瞧不起我。第一次走上面试台，面对台下笑容满面的评委、门外自信满满的竞争对手，我心想：我是不是真的很差劲？我磕磕巴巴地完成自我介绍，一字一顿地回答评委们的提问，结果似乎已经预想到了，我落选了。那次，我没崩住，一个人找到一个小角落大哭了起来。这是我第一次上台当众竞演，也是第一次遭受这样的挫折。大哭一场后，心情舒畅许多，也慢慢想开了。望向窗台，看着窗外那在风中摇曳的向阳花，脑海中浮现出父亲与母亲期待的眼神，于是，我坚定地对自己说，无论行还是不行，为了他们，都得行！

后来很长的一段日子里，我坚持早起，当第一抹阳光照耀大地时，我便起床练习一分钟演讲。怡心湖旁、数学楼前、红旗广场上、自习室里，都留下了我的身影。皇天不负有心人！终于，我又等到了一个极为重要的机会——创业协会社团理事会招新。得知这一消息的我，马上开始着手准备面试稿。长达一周的时间，我都在文综楼的走廊里徘徊，一遍又一遍地读稿背稿，这一次踏上面试之旅的我，充满了信心，面试稿早已烂熟于心。我成功当选了！这莫大的喜事，对我付出的每一分努力，无疑是最好的奖赏。后来，一步一步，在社团中，我不断成长，在第二年成功当选为创业协会宣传部部长。

命运总喜欢与我开玩笑。

那天，正值"校园十佳歌手大赛"，我与其他"歌迷"一同在台下，挥舞着荧光棒，为自己所喜欢的歌手呐喊。突然接到母亲的来电。一个噩耗传来——父亲从高楼摔下，造成眼角出血和脑出血，还有多处骨折。

听到这个坏消息，我一时竟不知所措。父亲从小不待见我，对我不冷不热，没给我吃过好的，也没为我梳过头，我以为他是不爱我的。"父亲"二字在我心中显得如此沉重。上大学后，我才慢慢理解父亲，原来他是为了守护属于我们一家人的尊严。而这一刻，我只想陪在他的身边，也是这一刻，我才发现自己必须长大了，与母亲一起保护好我们这个家。

父亲病后，我认真地规划了自己的每一步，重拾心情，重新出发。好景不长，过度的劳累与过大的压力，使我的身体难以承受。不久后的一个下午，我晕倒在卫生间，住了两个多月的院。家庭本就穷困潦倒，弟弟的学费与父亲的病早已花去了家中大部分积蓄。我这一病，更是拖垮了家庭。我常常觉得，上帝是在与我开玩笑。母亲千里迢迢从家中赶过来照顾我,一夜间似乎白了头。我感到心疼,深入骨髓地疼!我跑到天台祈祷,多么希望上天能眷顾这个家,眷顾母亲。我的母亲,小小身板却要撑起整个家,她再也经受不起任何折腾了。

命运似乎听到了我的祈祷。我的病情有了好转,但还不能回校继续学业,于是我选择休学一段时间去做一名兼职教师,减轻家庭的负担。在这个过程中,我得到了意外的收获,看着孩子们无邪的笑容、嬉戏打闹的场景,不禁感慨万千。孩子们对未知的探索是多么令人动容,他们的笑容如阳光般温暖我的内心,从那时起,我也决心要保护好他们,让他们有一个充满爱与幸福的童年。2015 年,一到学校,我便参加了学校志愿者联盟组织的志愿活动,茶山小学支教、敬老院探望老人等,这些事或许微不足道,但我希望更多的人是幸福的。

2016 年,母亲被病魔缠身,骨质增生、风湿、淋巴癌⋯⋯生活的艰辛令我感到窒息,这个不堪一击的家再次受到捶打。但我别无选择,时间被我拆分成两半,周一至周五白天读书,晚上兼职;周末则全天兼职。苦累于我而言不算什么,只要家人健康喜乐,我就知足了。

一路走来,遇到了许多好心人,我若不努力,何以回报?因此,在学习上,我比常人更加刻苦,更加努力,力争成为更优秀的人。为了能得到全方面发展,积极地参加各种比赛与活动。在 2016 年"金桥国际杯"第一届湖南省大学生物流设计大赛中斩获一等奖;2017 年"滨购优选杯"校园创业大赛中荣获三等奖、科技创新"大学生创业泡沫"三等奖;先后两次参加全国大学生"创新、创意、创业"电子商务大赛,分别获二、三等奖⋯⋯

日积月累,我生命里的那颗种子终于冲出土壤,遇上阳光,成为一株散发芳香的向阳花。我不想感谢老天为我安排的这些苦难,因为是它们让母亲青丝变白发。我想感谢的是那些在危难中帮助了我的人,更要感谢自己与命运对抗、不退缩的勇气。

我是万登香,一朵向阳而开的花,开起来就像阳光般灿烂,哪怕赤脚在暴风雨里奔跑,也能笑着与梦想齐肩并跑。五岁以前的我,带着憧憬不顾一切向前跑;十八岁以前的我,历经沧桑依旧笑容灿烂、蔑视苦难;二十五岁以前的我,眼含泪水仍旧笑谈人生、傲视前方!

自强不息，怀壮志以长行

——法学院 夏波

夏波，衡阳师范学院法学院2015级知识产权1班学生。大学在读期间曾在省级期刊《丝路视野》（2016年8月上旬刊）发表论文《赫哲族鱼皮衣鞣制技术的专利保护初探》，并在省级期刊《发明与创新》（2015年5月第17期）发表论文《浅谈第三方平台在非物质文化遗产保护中的应用》，曾获湖南省知识产权法律法规竞赛一等奖、湖南省知识产权法律法规竞赛网络人气二等奖等。

> 大学四年，最初认识她时，她的认真与执着便给我留下了深刻的印象。后来与之熟悉后，发现这仅仅只是她一个优点。她性格爽朗大方，但不失稳重；她以和善待人，以真诚待友，与同学、老师相处融洽；她集体荣誉感甚强，代表班级参赛并多次荣获奖项；她对待每一份工作都非常认真且有自己的主见……每一分耕耘终将有所收获，我相信她会凭借自己的努力一直优秀下去，越来越出色！
>
> （2015级知识产权1班 黄芳梅）

> 特殊的家庭环境造就了她坚强不屈的性格，她勤奋、刻苦，并积极参加各种活动。从学生手册知识竞赛到湖南省知识产权竞赛，她不畏惧困难，用行动证明了自己的价值。
>
> （辅导员 钟佩玲）

我出生在一个不富裕的农村家庭，父母养育了三个小孩，家庭经济虽然窘迫，但是天下的父母都一样，有着望子成龙、望女成凤的愿望。为了这个家变得更好，父母离开了家里的一亩三分薄田，来到了城市，加入了外出务工的大军。

因为我父母的文化程度不高，来到城市便只能做一些体力活。父亲找到的工作是在建材城里装卸货物。许多人可能只知道这是一份非常累人的工作，但不知道这份工作除了会给人带来身体上的疲惫，还会对人的身体带来潜在危害。瓷砖、大理石砖大多有辐射，我曾看见父亲因为日复一日地搬运瓷砖，全身都起癣子，瘙痒难耐。起初，父亲会买药来涂，但是因为工作需要，每天必须接触瓷砖，身上的癣子好了又发，如此反复之下，父亲开始心疼药膏费，最后决定不再用药，只靠着自己的意志来撑着。

我的母亲自小便告诉我：人一旦文化素养低，就得吃苦。为了让我和弟弟妹妹们接受教育，母亲每天大负荷地工作，甚至一天做两份工。如此高压的工作之下，母亲的身体不堪重负。2016年，母亲查出患有子宫肌瘤，但一想到我们三个上学的费用，便毅然选择不动手术。医生考虑到母亲身体中的子宫肌瘤已经很大，强烈要求她接受手术治疗，然而母亲执意拒绝。接着，母亲的咳嗽不见好转，被查出肺部有问题，医生说有可能是肺癌。我几番央求母亲去检查，可母亲为了省钱坚持不去医院。

我眼睁睁看着父母在病痛折磨下仍旧为我们三姊妹劳累，难过的同时，更加笃定自己的信念，将自己的精力全部投入学习，用自己优秀的学习成果换得父母亲的一丝欣慰。

在求学这条路上，父母给予了我莫大的鼓舞和信心。我还记得念小学时，家中交不起学费，父母便用借来的大米来偿还学费。在父亲背着大米去学校时，我仍记得身后同学传来的讥笑。即使我成绩优异，连续六年都在担任班长，也曾因为这件事自卑消极。母亲在家中发现我的低落情绪，将我拉到房间里谈心，在了解我内心的真实感受后，她抚摸着我的头，微笑但语气坚定地告诉我："穷又怎么了，我们做人堂堂正正、不偷不抢，任何时候都有底气挺直腰板！"母亲的一番话，让我摈弃了内心的自卑和消极。我开始将注意力放在身边美好的事情上，教室里多了我的笑声，学习讨论组里多了我的身影，我不再畏惧，比以前更加大胆、热情。

母亲的话我至今仍牢记在心里，因此，即使生活朴素，我也昂首挺胸，热爱着周围每一个美好的事物。

做一件事情很容易，但坚持每天都做同一件事情很难。我坚信流的每一滴汗水都不会被辜负，付出总会有收获。自进入衡阳师范学院以来，我认真上好每一堂专业课，刻苦学习专业知识，每天早上六点半起来背英语单词，只要没课便外出自习。除了夯实自己的专业基础，我还积极响应学院做文明学生的号召，踊跃参加学院举办的学生手册抢答竞赛，与班级伙伴在决赛中斩获一等奖。时光不负有心人，我荣获了2016—2017年度法学院三好学生等荣誉。

作为一名知识产权专业的学生，我也积极尝试探索科研领域。通过深入研究与知识产权专业有关的基本论著，我对非遗文化的知识产权保护产生了浓厚的兴趣。

大二下学期，在老师的指导下，我负责组织了"大学生研究性和创新创业者"这一活动。在经过查阅相关资料、询问有关专业人士的想法和意见,研究多个国家相关的法律制度后,最终定下核心论点。然后,经过无数个日夜的挑灯苦战,反复修改与提炼文章精华,我最终在省级期刊《丝路视野》(2016年8月上旬刊)和《发明与创新》(2015年5月第17期)上发表了论文《赫哲族鱼皮衣鞣制技术的专利保护初探》和《浅谈第三方平台在非物质文化遗产保护中的应用》。

2017年5月,我顺利通过学校举办的知识产权竞赛的笔试和面试,被选拔为衡阳师范学院代表队成员之一,代表学校参加湖南省知识产权法律法规竞赛。我们所面临的竞赛对手是国防科技大学、中南大学、湖南大学、湖南师范大学(三个上场选手均是知识产权专业的研究生)、湘潭大学和南华大学等几十所高校的优秀学生,而一等奖的名额只有一个!我和队员深知肩负着学院与学校的荣誉,于是开始高压式的集训,每天全部的时间用于研究与竞赛相关的法条、书籍和题库。晚上回到寝室,身心俱疲,却仍不忘在睡前看几眼,再看几眼,只为在赛场能为学校多挣得一分,少错失一分。功夫不负有心人,在这场激烈的角逐中,我们在决赛中斩获桂冠,并荣获该比赛网络人气二等奖的佳绩!

外表稳重严肃,实则活泼外向,是老师和同学对我的印象。感谢自己这一路走来都没有忘记初心、放弃目标。星光不问赶路人,时光不负有心人。人生其实就是一场旅行,每段路程都会让你有新的感悟,任何成功的背后都隐藏着奋力的拼搏,但只要你永不放弃,不忘初心,定可以靠自己的双手去创造属于自己的未来。

努力奔跑,只为遇见更好的自己

——文学院 徐晓琳

徐晓琳,衡阳师范学院文学院2014级汉语言文学2班学生。曾获2016年度向上向善好青年"爱岗敬业好青年"、全省大中专学生志愿者暑期"三下乡"社会实践活动优秀个人奖、2017年衡阳师范学院第十七届大学生课外学术科技作品竞赛三等奖等荣誉。

> 对于晓琳,初见时觉得她是一个英气逼人的小姑娘,性格十分直爽。作为班导的我还在担心不太好管理,没想到事实正相反,她很懂事,也很体贴,温柔处事,体贴待人,完全没有脸上的那股"傲娇"劲儿,和她谈话时十分舒服。当看到小小的她把班级管理得井井有条时,我的心中也颇有成就感。
>
> (2012级汉语言文学2班 汤光华)

> 徐晓琳同学是一位坚韧不拔、自强自立的女生,艰难的生活没有让她屈服,不断的努力和奋斗让她绽放出耀眼的光芒。入校以来,她尊敬师长、团结同学、追求上进,积极参加志愿服务和社会实践,奉献爱心。徐晓琳同学不惧挫折、砥砺前行的优良品质,值得我们学习。
>
> (辅导员 方慧)

如果生活强压着你的头颅让你跪地屈服,屈从吗?逃避吗?

不!蜗牛尚可凭坚韧不拔的精神抵达方舟,我也要挺起我的胸膛,拿起我的武器,去找寻属于自己的方舟!

逆境生长,向阳之心彰显励志

当其他人还在父母怀中撒娇时,我却只能依靠自己。多年来,父母无法履行抚养我和妹妹的义务,上学费用便成了我求学路上的"拦路虎"。当靠着亲戚资助和生源地贷款勉强凑齐学费时，我知道，我的求学之路要比平常人更艰难。于是，我开始思索，未来我要如何绽放我的光彩？

当我通过半工半读的方式积攒数额不多但属于自己的生活费时，内心对美好生活的追求和向往让我寻找到一个方向——志愿者。2014年9月，我注册成为湖南省高校志愿者，内心满怀着激动、感恩、幸福。印象中有一次活动是在2015年5月，我以"雷锋月"为契机，组织全班前往当地聋哑儿童听力语言康复中心。到达康复中心时，一进门就被可爱的孩子们围住。他们就像"折翼的天使"，虽然听不到动听的音乐、说不出美妙的话语，但他们的世界如天空一般澄澈，眼中散发出的光芒，比满天的繁星还要闪耀夺目。看着他们，我不由想到自己，内心不免涌起一阵"难以言说"的情思：这世界没有变好，也没有变得更糟，它一直如此。

生活给予我的压力不但没成为阻力，反倒成为我前进路上的动力，因为我知道：上天关上了一扇门，肯定还会为我打开一扇窗。我们为"小天使"们送上小礼物，教孩子们折纸、画画，让他们以另一种方式来面对这世界。随着气氛的活跃，孩子们也慢慢放下心中的防线，开始接纳我们，主动与我们做游戏、聊天。

当我的热情转化为实际行动去感染身边的每一个人时，我知道，我开始绽放我的青春花朵。我相信，我发光之时，亦是我收获时。

2016年7月，我组织了一场更大的志愿服务——文学院暑期"三下乡"支教活动，我担任服务团的团长，这次活动获得了南岳电视台的及时报道。在这里，我内心又一次被震撼：绿水青山，环绕着处在小山村中的学校；学生们还拥有一栋栋漂亮的教学楼、一套套崭新的桌椅……当我看到这个"穷乡僻壤"里的学校也能拥有如此好的教学条件时，真心为孩子们感到开心。这说明了国家对乡村教育的重视。在这段支教时间里，我和我的团队都深切感受到了孩子们对知识强烈的渴求，教学条件虽好了些，但师资力量还是不够充裕，还是存在多个班级共用一个班主任的情况，这也是我备感心疼之处。但当看到孩子们学到新知识、露出开心的笑容时，我又十分欣慰。近一个月，生活条件虽艰苦，却很开心。踏上从师之路，我从未后悔，也将永不止步！

身兼数职，大爱之心贯彻青春

我坚信青春之花需要以奋斗来浇灌。还记得大一刚进校园的我，战斗力十足，鼓足了勇气去竞选学院组织部助理与班级委员；到了大二，我又去竞选班长、组织部副部长、雁回文学社主编及天雁剧团编剧等岗位。最终也都成功竞选上了！有人或许会疑惑：为什么要给自己找这么多事情做呢？其实，我只是不愿四年大学生活荒废虚度，每一个岗位的背后都能给我带来极大的磨炼和成长。任职班长时，我一直记得同学们为我投下的票，最终是呈现在黑板上的一个个"正"字。也正是如此，我立志不辜负每一位同学对我的期望。在开学伊始，我将每个同学的家庭情况、在校情况等都一一进行了解，做到心中有数；身兼数职的我时间少，但也会与团支书及其他班委一起定期召开班委会议，从未缺席；常常忙到很晚才归寝，但从不曾忘记到每一间宿舍去询问归寝情况，以确保全员到齐。也正是这一年，我学会了倾听和表达，也赢得了老师和同学们的肯定，从他们眼神中流露出来的是对我的无限期望。这一年里，欢笑中也有泪水，疲惫后也有欣慰。

到了大三，我成为分团委副书记。身份转变后，理所应当要承担相应的责任。如何全面策划一个活动，从筹备到开展；如何编辑材料使其更条理化、系统化又兼具美感；如何管理性格迥异的干部队伍，充分发挥个体的优良作用……无数个第一次的尝试，就会有无数的经验和教训。我无法在一夜之间成长为人人满意的"团副"，但在这一年，我再次体验到被人需要的满足感，感受到真心换真情的温暖。当身边的朋友们可以对我说"你在就好了""你是我永远的老大""晓琳姐，真的谢谢你""晓琳啊，学姐们可看着你成长呢"……我知道这一年的时光，是转变后的温情，是心贴心的互动。

回首这曾经奋斗的日日夜夜，多少个难忘的第一次，多少次被蚊子叮咬的夜晚……但它们都已成为过去。墙上张贴的一张张奖状，代表着我的每一个成就，都令我骄傲不已。

路漫漫其修远兮，吾将上下而求索。昨日的梦想如何才能成为明日的现实？很难说什么是办不到的事情，因为昨天的梦想，可以是今天的希望，还可以成为明天的现实。所以，愿我坚守初心，不断努力、奋斗，绽放属于自己的青春之花！

寸积铢累　破茧成蝶

——外国语学院　张婷源

张婷源，衡阳师范学院外国语学院2015级英语1班学生。曾获国家奖学金、省级优秀毕业生、"外研社杯"写作大赛一等奖等多项荣誉，并考取英语专业四级与专业八级证书。

> "源哥"在我心目中堪称完美，从大一到大三，她一直陪伴着我，用她的行动感染着我。工作上认真细致到极点，追求完美，总是站在人群当中、站在同学们的角度去发现问题、及时解决问题。时刻为他人着想，自己能做的，绝对不会再麻烦别人。在各大晚会，她没有坐在嘉宾席看过一场完整的表演，而是在幕后忙着处理各种小问题，盯着各个流程。她活跃在各个年级群里，只要同学有疑问，她从不会放任不管。这就是她——一个踏踏实实，埋头苦干，默默地拿了一张张荣誉证书、一个个沉甸甸的奖杯，非常努力和自律的女生。
>
> （2016级翻译2班　祝斌）

> 台上也许没有你的身影，你却是热心的观众；台前没有你的形象，幕后却有你激情四溢的参与。贤淑的外表，跳跃的心；执着的勤奋，炽热的情怀；灵秀的文字，难得的才气。欣赏你的热情，看重你的才情，喜欢你的活泼、关注你的成长。优秀无法涵盖你的内秀，良好无法表达你对班级的激情。你，品学兼优，老师因你而自豪，班级因你而光彩，父母因你而幸福，将来社会会因你而多一分亮色。
>
> （辅导员　江子丹）

很多人以为幸运只是恰好遇到一场顺路的东风，由天不由人。但总有一天，他们会发现，自己忽然撞见的幸运不是偶然的，是毫不起眼的一个个当下积累起来的，是那些险些要放弃却最终都坚持下来的时刻换来的。而我，就是那个积攒了幸运的姑娘。

如果说世界上找不出两片相同的叶子，那我也是隐在重重叠叠之后难寻踪影的那个，只拥有平凡的相貌和平凡的出身。我总觉得上帝是一个喜爱摆弄积木的孩子，有一天不小心碰倒了属于我的那部分。在我很小的时候，母亲患上血管肿瘤，年过半百且无一技之长的父亲被家中的生计压得喘不过气来。家庭中病痛的呻吟声、无奈的叹气声以及隐隐约约的哭泣声，如附骨之疽般吞噬着原属于这个家的生机与活力。

在这种处境下，我不得不以数十倍的速度快速成长。自小学起，当别的孩子赖在父母怀里撒着娇吃着糖时，我正奔跑着回家准备一家的饭食。初中后，本是所有孩子梦寐以求的寒暑假却成了我另一段艰苦岁月的开始。或烈日炎炎，或寒风凛冽，小小的我就在车水马龙的道路上奔走着，用稚嫩的声音推销着手中的玫瑰花或那一沓沓厚重的传单。

命运的玩弄似乎并没有就此结束。2016年年初，当全家人沉浸在团聚一堂的喜悦时，传来了外公因意外事故瘫痪的消息。顿时，一道巨雷再次砸在了这个摇摇欲坠的家庭上。

这样的我，还是幸运的吗？

没有经历过逆境的人是不知道自己的力量的。人生就像一次航行，必然会遇到从各个方向袭来的劲风，然而每一阵风都会加快航速，只要稳住航舵，即使是暴风雨，也能继续航行。成长在这样家庭中的我，也是愈挫愈勇。

我从不为成长在这样的家庭里而感到自卑，因为现在的一切挫折都是成功路上的垫脚石。感谢现在的遭遇，打造了一个坚不可摧的我。

十年的寒窗苦读让我以优异的成绩考进了衡阳师范学院外国语学院。大学生活为我开辟了另一个世界，让我能够去更广阔的空间遨游。当我的学习成绩一直位列年级第一，当我把一张张优异的成绩单和一沓厚厚的荣誉证书递到父母手中时，我看到父母露出欣慰的笑。我流泪了——父母把满满的爱都给了我，我以满满的努力回报。自立、自强，生活再次鞭策我，我绝不轻易放弃！

我开始尝试接触新生活，班级团支书、学生会勤工部部长、外国语学院学生会主席，我不停地奔跑着，一步步翻越人生中的每一个小山丘。这途中的风景是多么壮丽啊，翻越过程中，欢笑中掺杂泪水，疲惫后也有欣慰。

大学四年的学生干部经历让我快速成长，收获了许多课堂之外的东西，令我印象深刻的事情也太多了。最深刻的莫过于大二从班级团支部书记直接成功竞选成为勤工部部长，带着喜悦的同时更多的是惶恐。国庆节后迎来了部门的新成员，一个新部门的搭建，需要的是大家共同的努力，对我而言，这一切都是一场全新的开始。记得那段时间，整理材料前前后后花了半个多月，大家每天晚上都在辅导员办公室加班，最后被告知所有材料都审核通过的那一刻，我们是真的激动得又哭又笑。生活中的各种困难和磨炼，都有两种选择，可以寻找各种借口对生活低头，也可以迫使自己更好地生活。在那些几乎以外语楼办公室为家的半个多月里，大家互相帮助，一起加油打气，支撑着彼此走过了难忘的一段日子。团队的力量是无穷的，我们的凝聚力也就是这样一点点建立起来的。在当部长这一年里，和部门五个小伙伴一起学习一起成长，让我收获的不仅仅是个人能力的提升，更是一份令人骄傲的情谊。或许，用心去待人做事，每一个人都会有意想不到的收获。

我重新搭建上帝打乱的积木，抚平我的棱角，开始绽放——大学三年，让自己从尘埃里开出了花来。麦克·路易斯在2012年普林斯顿大学毕业典礼上说过："不要被生活的结果而欺骗。生活的结果，虽然不是完全随机的，却也蕴藏着很大的自然因素，最重要的是成功的背后'幸运'的青睐。"我想我是幸运的，幸运的是父母让我来到这个世界，他们把所有的爱都给了我；幸运的是命运让我面对着生活的挑战，我也比其他人更坚忍。上帝说，生活不会一直都一帆风顺，需要人们依靠自己的能力来改变自己，真正的幸运也一直在等待有资格享受的人。

天行健，君子以自强不息；地势坤，君子以厚德载物。我的生活虽然布满坎坷，但我从未因荆棘而停止过前进的脚步。请相信，每个人都身怀"绝技"，在这个世界上，没有一无是处的人，也没有从头到尾都不用奋斗的人，再不起眼的人都会有过人之处。找回那个真正的自己，只有自己才能拯救自己。

我听见了世界的声音

——城市与旅游学院 周小靖

周小靖，衡阳师范学院城市与旅游学院 2014 级人文地理与城乡规划 1 班学生。曾获衡阳师范学院第十七届大学生课外学术科技作品竞赛一等奖、校简历大赛三等奖、"优秀教学信息反馈员"等荣誉。

> 优秀的人总是各方面都比较优秀，这一点在小靖的身上体现得淋漓尽致。她是一个十分自律上进的女孩，可能在她身边的人都觉得她很优秀，但她往往不满足于现状，希望能突破自我，并一直在努力做出改变，一直朝着更优秀的自己进发。我也相信，如此努力的她，幸运之神定会眷顾。
> （2014 级人文地理与城乡规划 1 班 彭竞霄）

> 周小靖同学幼时曾因病患上弱听，对于生活带给她的苦难，她从未抱怨丧气，而是笑对生活。入校以来，她一直刻苦钻研，认真学习，并且积极参加各种志愿服务和社会实践，为聋哑学校的学生送去关爱和温暖。她用实际行动诠释了不畏挫折、砥砺前行、传递温暖的良好品质，她身上的这些品质，值得我们每一个人体会和学习。
> （辅导员 阳宏润）

上帝咬了一口我的耳朵

我出生于一个小县城，父母皆为聋哑人。而我在幼时的一次高烧治疗中因事故患上了药物中毒性耳聋。这个病的奇异之处在于它让我的听力慢慢下降，没有突发性，没有疼痛性，等我意识到这个事实时，也已经过了好几年，一般的治疗方法已无明显效果。我只能面对一个不确定的未来，因为我不知道明天我的听力会不会又下降一点。忍受着这份害怕的同时，由于双耳严重弱听，我对外界的应答迟缓，使原本就内向胆小的我更加不爱开口说话。当时不懂事的同学偶尔会以这个缺陷取笑我，这让原本就不自信的我更加自卑。在很长一段时间里，我甚至憎恶这个世界。为什么别人的父母能给自己的孩子带来光环，我的父母却带给我沟通的障碍；为什么别人治病获得的是大病痊愈，我获得的却是雪上加霜；为什么要让这样的我和这样的父母搭配在一起，组成一个家庭……

那就用眼睛去体会人生

或许是上帝的安排吧，一次偶然的机会，我看到《全职高手》这本书，书中喻文州的处事态度，让我在现实生活中找到了共鸣。喻文州作为一个电竞职业选手，手速根本不及格，这是他在技术上不能突破的一个硬伤。但是他却能在电竞路上坚持下去，并成为一名全明星选手，因为他头脑清晰，懂得扬长避短，无论是心态还是反应能力，都十分优秀。他将自己的长处释放在赛场上，最终带领团队走向辉煌。我心里的阴霾似乎一下子散开了，觉得眼前的道路似乎一下子清晰了。我开始变得乐观，尝试着接受自己的缺陷，愿意主动和他人交流。并且心中始终装着喻文州的话：充分发挥自己的长处，正视、规避自己的缺点。

就如同"少壮不努力，老大徒伤悲"一样，小小年纪，我不敢告诉老师我的听力状况，每天都在吃力地学习着，但成绩却没有长进；而这种影响对于我的学业是破坏性的。最后我只能去一所高考本科上线率仅过半的高中念书，这也意味着如果想考上大学，我只能"往死里学"。从那时起，我开始培养自己的自主学习能力，遇到问题首先选择自己思考解决，听力不佳可以通过视力弥补。高中那段时间，在被窝里开着小台灯看书到一两点是家常便饭，也没有觉得那段时光有多苦，反而感谢高中的经历，让我找到一套适合自己的学习方法并沿用至大学。我也渐渐明白自己的喜恶，做自己愿意做的事情，做自己有把握的事情。比如说面对选择人文地理还是城乡规划时，我明白自己的手绘能力很差，所以虽然对城乡规划很感兴趣，但是还是放弃了它，选择了人文地理。我也很庆幸在大学期间不但没有落下课程，反而成绩名列前茅，也幸运地考研成功，进入宁波大学继续学习。

用心去浇灌青春之花

在大学里，我更注重拓宽专业视野，加强职场应变能力的培养，学习和了解专业前沿知识和研究领域。在学习上的高度自主性，对我大学课程的消化吸收提供了很大的帮助。还记得 2015 年，我第一次参加了本专业认知见习活动。对于不善言辞的我来说，这无疑是个挑战，也是个机遇，我鼓起勇气向老师求经验、讨指教。努力和老师交流自己的想法。"皇天不负有心人"，在这次见习中，我的报告被评选为"优秀实习报告"。

有了一次突破自我的体验之后，我开始变得"贪心"起来。为了锻炼自己的胆量，进一步提高与人交流沟通的能力，拓展各方面综合技能，我还参加了十佳歌手宣传、辩论比赛宣传等。在参加简历大赛期间，我一路过关斩将，得知决赛需要面试时，我的第一反应是退缩和恐惧，因为我一直很害怕面试，并非害怕自己回答不上面试官的提问，而是害怕由于听力的障碍听不清楚题目。但是我又不甘心，想着：现在退缩了算什么呢？于是又坚持下来。尽管最终成绩不太理想，但我并没有为此感到遗憾。因为我明白，要克服我不够自信的毛病不在一朝一夕，比起证实实力的比赛结果，我更享受锻炼能力的比赛过程。成败得失本就难以预料，失败和成功有时只有一步之差。我也曾想，正因为我的坦然，我才能被上帝挑中，而又被上帝宠幸。

我国目前有听力语言障碍的人有 2 057 万人，我常常用"上帝喜欢我的芬芳，所以忍不住咬了我一口"来安慰自己，有时也在想，上帝可真博爱，咬了那么多人，我是不是能为我们这群被上帝咬了一口的人做点什么呢？所以在衡阳师范学院我加入了一个特殊的组织——花开无声手语协会。在这里我和成员用手语将爱送得更远。每次和社团成员一起看望聋哑学校的学生时，可能是有相同的经历，我和那些孩子有了更多的情感共鸣。浙大中文系博士生叶沈俏说过："对于生命中那些不可改变的事实和无法回避的挑战，正视它，思考它，超越它，终能磨砺自己的心性，让我们变成更好的自己！"这一直是我的座右铭，如今，我将这句话用手语表达给这群与自己经历相似的孩子，并借此鼓励他们积极面对人生，回报社会。

其实，我只是被上帝多咬了一口，因为上帝更喜欢我的芬芳、我的味道。诚然，上帝也许给你关上了一扇窗，但你可以为自己打开一扇门。别轻言放弃，你的潜能是未知的，再坚持一下，人生总会开出不一样的花。

风雨中奔跑的"赤脚"姑娘

——化学与材料科学学院 资莉丽

资莉丽，衡阳师范学院化学与材料科学学院2016级化学专业2班学生。曾获校级"2016—2017年度优秀共青团员"、院级"2016—2017年度三好学生"等奖项。

> 资莉丽同学是一个十分优秀的女生。积极向党靠拢的她努力学习党的各项章程，以党员标准严格要求自己，用先进的理论知识丰富自己的知识系统。学习上，她细致悟学，踏实勤恳，每门学科都取得了不错的成绩，课余时间她投身书海、广泛阅读课外书籍，丰富自身的见识。勇于挑战的她，组建了属于自己的科技创新团队，在团队中发挥模范带头作用，带领团队完成科创立项项目，取得了优异成绩。她是我们学习的榜样。
>
> （2016级化学2班 彭子频）

> 进入大学以来，她做了许多勤工、兼职，因为不愿再为贫寒的家庭增添负担。她刻苦学习，致力科研，获得了许多荣誉。她的大学，不变的是每日的早出晚归，变化的是日益坚强的品质。自信会创造奇迹！
>
> （辅导员 唐升）

《阿甘正传》中说："生活就像一盒巧克力，你永远不知道下一颗是什么味道。"我的生活亦是如此，永远不知道明天，甚至是下一分钟，人生会发生什么样的变化。

忍受疼痛，狂风暴雨中奔跑

十多年前，还是孩童的我，被生身父母遗忘街头，年幼的我踏上了"流浪之旅"。老天对我也是极好，我幸运地被一对年迈的夫妻收养，成了他们的"亲生女儿",他们也成了我的"亲生父母",拿我当亲生女儿一样对待,疼爱有加,让我在这个家中感受到了温暖,弥补了原生家庭爱的缺失。

数年前,母亲在一次外出干农活的时候,突然眼前一黑,没注意脚下细窄的泥泞山路,不慎从山上跌下,摔断了一条腿,由于医治不及时,加上家里经济条件的限制,最后落下残疾。父亲前几年被查出肝癌晚期,医治无效后去世。本就孤苦无依的家庭,现在只剩下我与体弱多病的母亲,经济条件更加困难,我曾一度觉得生活没了希望,就快过不下去了。这时,多亏了政府的扶贫政策,把我家纳入低保家庭,为我们每月提供补助,勉强维持家里的日常开销。后来,我考上了大学,但高额的学费和生活费使原本不富裕的家庭变得更加捉襟见肘。迫于生计,年迈的母亲不得不拖着体弱多病的身体,做一些农活来贴补家用。

励志笃行,以微笑迎接生活

尽管有那么多不如意,但我还是积极乐观地面对生活,并相信"世上没有绝望的处境,只有对处境绝望的人"。我深知,绝境中也能开花,只要相信自己能行。

步入大学后的我,打心底里知道,每一次机会都要靠自己争取,每一分钟都很珍贵。我抓住每一分每一秒,认真学习每一门课程,不论枯燥还是有趣。"知识改变命运,勤奋创造命运""人生能有几回搏,此时不搏何时搏"是我喜欢的两句话。它们也被贴在我的桌前,日日抬头便能望见,以警醒自己不忘初心。只要一有空闲时间,我就会待在图书馆,广泛阅读各类书籍。

努力是会传染的。大学四年青葱时光,美好易逝,每天一如既往坚持学习的我,也无形中影响了我的室友。日子一久,她们也开始与我一同奔向书海。寝室中的书香氛围愈发浓厚了。常有朋友到宿舍找我,室友就拿我开玩笑:"她还能在哪儿?难道不是哪里有书,哪里就会有她吗?"皇天不负有心人,大一学年的努力终有成绩,我在班级的学业成绩排名第五,综合测评排名第四,并且获评为"校级优秀共青团员"与"院级三好学生"。两个小小的荣誉称号,是对我努力的莫大肯定,是我前进路上的动力。

倍感幸运,以吾行感恩社会

"心中常存感恩,心路才能越走越宽。"我生来并不是幸运之人,但幸运的是遇见了很多有爱的人,包括我的养父母、我的老师同学们……这些人在我的生命中留下了不可磨灭的印记。为了感谢那些帮助过我的人，回报社会的恩情，我决定用行动来回馈社会。我毅然加入了学院组织的萤火虫志愿者协会，到衡阳的各个地方进行志愿服务活动：在车站等人流高峰区进行交通督导；在街道社区与湘江沿岸清理牛皮癣；到敬老院慰问老人，为老人们送去温暖；后来我还加入了蓝丝带五防儿童教育组织，利用周末时间为孩子们讲授一些安全知识……我想以我的绵薄之力，为有需要的人提供一些帮助，因为在我需要之时，有人及时对我伸出了援助之手。

"你真是个神奇的女孩子。"这是同学们最常对我说的一句话。或许在同学的眼中，我是一个乐观、阳光、特别能吃苦的女孩，喜欢帮助朋友，但其实，我只是不愿将自己苦涩的一面显露在他人面前，用坚强伪装自己。在别人看不见的背后，我不知做了多少事，在街上发传单、在超市干促销、在工厂做流水线……我通过兼职挣钱贴补家用，减轻母亲的负担。我过得很幸福，因为母亲健在，我还年轻！

俄国文学家别林斯基曾说过："不幸，是一所最好的大学。"不幸的我，并不害怕不幸，因为人生的青春华章终由自己改写。在追逐梦想的大路上，我从未止步，一直勇往直前！

世界以痛吻我，我却从未放弃努力生长

——中兴通讯信息工程学院 邹强

邹强，衡阳师范学院中兴通讯信息工程学院2016级电子信息工程1班学生。曾获"第一届粤嵌杯全国互联网＋创新设计大赛"一等奖、"全国互联网＋创新设计大赛"总决赛创新创意奖、经世"IUV"杯比赛武汉赛区一等奖、"新华三杯"全国大学生IT技术大赛湖南赛区二等奖、"IUV"网络部署与优化总决赛全国三等奖等荣誉。

> 邹强学习非常刻苦，无论是学业成绩还是综合素质成绩，都在全院名列前茅。家庭经济条件不优越的他，没有颓废，反倒坚持把善良留给这个世界。每当班上同学在学习上或是生活中有困难，他都会伸出援手，提供帮助。他在生活中非常勤俭节约，也高度自律，我觉得他是我们每个人学习的榜样！
>
> （2016级电子信息工程1班 彭阳群）

> 总有一种力量让青春的步伐昂首前行，总有一种感动让我们慷慨激昂。自强不息就是这种力量，就是这种感动。邹强同学是一名自强者，他用青春的足迹，证实了平凡的英勇原来也可以如此精彩。他勇往直前，不懈地向上攀进，面对困难不屈服，热爱集体，尊敬老师，敢于创造。他用自己的行动，诠释了衡阳师范学院"厚德、博学、砺志、笃行"的校训。
>
> （辅导员 邓明智）

我喜欢每一个夜晚，喜欢属于夜晚的星星，喜欢星光洒在我身上。在没有星星的夜里，代码、编程、程序设计就是我的星星，陪伴我度过一个个孤寂的夜晚，见证自己一次次勇敢的蜕变。

我叫邹强，出生在农村一个命途多舛的家庭。在我的记忆里，父亲总是神志不清，他甚至不知道我是谁，每天见得最多的就是饭后大把大把地吃药。后来，父亲病情加重，还患上了癫痫，家人把他送进了医院。我偶尔也会去看看他，跟他说说我的学习、生活，尽管他听不懂。

自出生起我就没有感受过父爱，好在母亲给了我些许慰藉。我的母亲是一位农村妇女，没有读过多少书，却承受住压力，勇敢地让我来到这个世界。家中虽然清贫，但也干净整洁，仅有的几件家具也总是被母亲擦得锃亮。可命运总是捉弄人，在我幼年时，母亲受了一次打击，不幸患上精神分裂症，多年过去了，母亲时而浑浑噩噩，也时常服药。

后来我一直跟随年迈的奶奶生活，但奶奶身体不太好，患有严重的心脏病与心绞痛。在奶奶的呵护下，我慢慢长大，这个破碎的家庭，也靠奶奶支撑了下来，小时候最喜欢的事情莫过于夏天的夜晚和奶奶坐在院子里乘凉，看天上的星星一闪一闪。对我来说，有奶奶的地方就有家。2017年12月，奶奶因为脑中风离开了人世，变成了天上的一颗星星。

如果说生命是一场修行，那这条路总是孤独的。每个人的人生都很难过，对于我来说，上天给予了我亲人，就已经很幸福了。

命运虽没有给我一个幸运的家庭，却给了我一颗不甘平凡的心。但人都是这样，不亲身体验颓废，就不会醒悟。

刚上初中那年，由于奶奶没有收入，姑姑资助了我一笔学费，让我得以继续求学。也是姑姑让我接触到一些高科技的东西。初一下学期，我初次接触网络，就像是打开了奇异世界的大门，我迷上了网络游戏。

虚拟的网络世界里没有亲人，也没有痛苦，我在那个世界里疯狂地麻痹自己，只为寻得一时快感。白天上课我不再认真听讲，游戏的画面时不时在我脑海中浮现；夜晚星星出来时，我依旧在玩游戏，有时候甚至玩到凌晨三四点。

当一个人颓废到至极的时候，在某个瞬间就会醒悟过来。游戏玩得多了，我开始思考游戏是如何制作的，想去改变其中的一些参数，兴趣使然，我渐渐地接触了编程和逆向工程。没有老师指导，我就如饥似渴地从书中汲取知识；没有实践操作的机会，我就一遍遍摸索。

初中三年，我从网瘾少年变成了三好学生，不仅收获了知识，更拓宽了视野，找到了自己的兴趣爱好。刚开始的时候没有老师指导，走了不少弯路，虽然没有取得较大的成就，但也学到了简单的网络规划布线与路由器、交换机的知识，空闲时也曾帮一些商店安装远程监控，积累了实践经历，这些都为我日后的蜕变奠定了基础。

到了高中，学业繁重，加上家中发生了很多变故，难以静下心来，偶尔停下来，就会思考还要不要坚持下去。而每当我抬头看见夜空中的星星，就会得到一个肯定的答案。高中系统的数理化课程，让我如获至宝，我知道，要想成功必须从现在开始努力，要珍惜每一次学习的机会。

现在回想起来，我才明白，不管前方的路有多苦，只要走的方向正确，不管多么崎岖不平，都比站在原地更接近幸福。

夜空缥缈晚伴星，一曲笛音携空莹。或许是这些与他人不同的经历，让我对生活有了不一样的感受。通过高考，我顺利来到衡阳师范学院，成为中兴通讯工程学院的一名学生，在这里，我有了更大的平台，我知道，我离梦想又近了一步。

大学生活虽磕磕绊绊，但也算顺利；虽还是有些迷茫，但也不至于手足无措。或许是年少时就已把游戏玩透，在大学里我不甘平凡，在别人玩游戏的时候努力学习专业知识，兴趣是最好的老师，大学给了我无限接近梦想的机会。

自进校之初我就加入了电子科技协会和计算机协会，结交了一群志同道合的朋友，尽自己所能帮助同学，积极发挥自己的作用，"社团积极分子"的荣誉称号是对我最大的肯定。但我知道，梦想这条路道艰难且漫长，我要做的还不够多、不够好。后来，我搭建了个人网站，学会了一些简单的服务器维护，从那时起，我用自己所学帮人做网站维护，也从中获取了一些报酬，为家里减轻了一些负担，同时也积累了很多实践经验。

转眼到了2018年，我有幸参加了黄顺院长的项目，学习调试代码、加功能，虽然不是计算机专业的学生，倒也乐在其中。有了一定的经验后，我渴求更大的机会与平台，随后参加了衡阳师范学院第十八届计算机程序设计竞赛，取得了校级优胜奖，自己也申请了研究性学习项目。一次次的蜕变让我的能力得以提升。后来我参加了陈一楠学长的校级重点项目（此项目也成功申请为省级项目），其间获得了衡阳师范学院"第二届大学生互联网应用创新设计竞赛暨第一届粤嵌杯全国互联网＋创新设计大赛"一等奖、校级"IUV"网络部署与优化一等奖。

那年暑假我没有回家，而是选择留校学习。暑假的留校生活是枯燥的，没有亲人朋友的陪伴，高温炙烤着大地。我先后参加了"全国互联网＋创新设计大赛"总决赛和"经世IUV杯"比赛，获得了全国创新创意奖以及武汉赛区一等奖。随即又投入紧张的训练中，我一遍遍调试代码，又一遍遍推翻原来的设计，那个暑假，我常常工作到凌晨一两点，没有灵感的时候我就抬头看看窗外的星星，又想起初一那年玩游戏到凌晨一两点的情景，星星没变，而我变了。

2018年10月，我在"新华三杯"全国大学生IT技术大赛中获得湖南赛区二等奖，随后在"IUV"网络部署与优化总决赛中取得了全国三等奖。在参与项目的过程中，还取得了两个软件著作权的证书。一路走来，有苦也有乐，无论过程有多么艰难，只要是为了自己的梦想而奋斗就不后悔！

人生有太多际遇，每一种安排都是上天给的礼物，而我要做的就是争取让平凡的自己变得不平凡。虽然梦想之路道阻且长，但星光不负赶路人，纵有疾风起，人生不言弃！

笃行篇

青年有着大好机遇,关键是要迈稳步子、夯实根基、久久为功。心浮气躁,朝三暮四,学一门丢一门,干一行弃一行,无论为学还是创业,都是最忌讳的。"天下难事,必作于易;天下大事,必作于细。"成功的背后,永远是艰辛努力。青年要把艰苦环境作为磨炼自己的机遇,把小事当作大事干,一步一个脚印往前走。滴水可以穿石。只要坚韧不拔、百折不挠,成功就一定在前方等你。

——2014年5月4日,习近平在北京大学同师生代表座谈时讲话校训"笃行",语出《礼记·中庸》:"博学之,审问之,慎思之,明辨之,笃行之。有弗学,学之弗能,弗措也;有弗问,问之弗知,弗措也;有弗思,思之弗得,弗措也;有弗辨,辨之弗明,弗措也;有弗行,行之弗笃,弗措也。""笃",忠实,专心,坚定。"行",行动,实践。"笃行",坚定地付诸行动,使目标得以实现。将"笃行"列入学校校训,表现了广大师生员工求真务实的精神,将远大的理想和志向变为实际行动,达到知行高度统一。本篇主要展示我校2017年度、2018年度"榜样的力量"评选活动推选的"笃行先锋"的优秀事迹。

初生暖阳，用笑容温暖世上人

——外国语学院　刘清

刘清，衡阳师范学院外国语学院2015级英语1班学生。曾任学习委员、学院分团委副书记。先后荣获校优秀学生干部、优秀共青团员、三等奖学金、军事技能教导队集训考核一等奖、"院十佳学生干部"等奖项。

> 她平易近人，包容他人，总是能给别人带来欢乐和笑声，鼓舞身边的人。她用行动践行着榜样的标准，传递着学生干部的正能量。
>
> （2017级英语5班　谭丹）

> 她很活跃，各种活动都能看见她的身影；她很细心，能将同学们的困难记在心中。她是桥梁和纽带，是老师和同学们的联络员。她是党员，是学生干部，是新时代大学生的标兵。
>
> （辅导员　邱国周）

很多人问我："刘清，你觉得自己的大学生活怎么样？"

对于这个问题，我有两种回答：刚步入大学时的我，很迷茫，对未来的一切都是未知的；但当我第一次战胜自己，迈出"艰难"的第一步时，我才发现，一切原来没有自己想象中的那么难。

身边很多老朋友见到现在的我，总是会十分诧异。或许你会好奇他们诧异什么，其实原因十分简单：步入大学前的我简直是个毫不起眼的小人物，自卑、胆怯、不自信是我的代名词，而现在的我却与从前大不相同，阳光、自信、上进是我现在的标签。这一切都得益于大一时的那一次班委竞选。

"同学们，如果还有想报名班委成员的，现在直接上来竞选。"当时，班上没有提交报名表但是有想法的人不在少数，但没有一个人主动上前，一个个似乎都在等着"出头鸟"。班导见大家丝毫无反应，看出了很多人的小心思，于是走上讲台，与我们分享了一碗"心灵鸡汤"。说句实话，鸡汤听过不少，班导当时的话却点醒了我。"大学里机会很多，但机会只会留给勇敢的人，你不抓住这次，说不定下次也会与机会失之交臂。"听了这句话,我心里打起了"鼓":到底该不该上去呢?下次会不会真的没机会了?最终,我还是鼓起勇气站上了讲台。"大家好,我是刘清。我想竞选的是学习委员,我,我是一个有责任心的女孩子……"就这样,我磕磕巴巴地结束了竞选演讲。不管结局如何,我战胜了自我,勇敢地迈出了大学生活第一步。最终,全班同学信任了我,选我为学习委员。

学习委员,职位不大,责任却不小。良好班风学风的养成,是学习委员一项重要的职责,对于从未担任过班干部的我而言,是一次全新的挑战。我静下心来,苦苦思索如何才能调动同学们的学习积极性,结果却是一筹莫展。学生干部实践经验的缺乏,导致我寸步难行。这时,间接的知识成了最好的老师。一次次在网上查阅资料、一次次深夜在宿舍里琢磨方案、一次次与班级同学深入地交流……终于,一些创意开始在脑子里萌生。"十加一"班级学习约定就是其中一个。"十加一",即每日听写十个句子、完成一篇阅读。经过一段时间的尝试,班里的学习氛围越来越好,同学们主动学习的劲头日渐高升。看着大家火热的学习劲头,我心想,好的经验应该让更多的同学受益,于是我与其他班委成员共同在学院组织开展了班级文化建设大赛,并取得了二等奖的好成绩。那一年,我也因工作成绩突出获评学校"优秀学生干部"。荣誉的取得,并不会让我得到满足,却是对我付出努力最好的肯定,拿到奖状的那一刻,心里早已乐开了花!

日复一日,我找到了适合自己和班级的工作方法,在同学们心中的威信也逐渐提高。凭借出色的表现和突出的工作成绩,大二时我成功当选学院分团委副书记。"在其位,谋其政",把握好这一职务的要义是首要问题。我不停地来往于学院和学校团委之间,向优秀的团干取经,很快就进入了角色。任职期间,我坚定不移地做好同学们的思想引领工作,组织各团支部举行了多次别开生面的主题团日活动。同时在日常工作的基础上完善并创新活动形式,开展了"心无旁骛,求知问学""践行社会主义核心价值观""3·15学雷锋"等一系列特色活动。在活动中,学院与班级、学生干部之间的交流更加紧密,我的工作风生水起。

一次次大型活动的组织、一次次会议的召开,看似只有短短的十几分钟,或许旁人会觉得很简单,但于我而言这一切并不简单。台上那个语言表达流畅自如的女孩儿,曾经是那样自卑、胆怯,哪里想过会在数十人甚至更多人面前大声讲话?蜕变成如今模样,也是在一遍遍修改稿子、一遍遍反复练习中成长起来的。清晨我会对着蓝天白云大声练习,夜晚我与星月相伴,所幸这一切努力没有白费。

十佳学生干部、优秀教官、军事技能教导队集训考核一等奖……每一份荣誉,都见证了我背后付出的努力和艰辛。目前,我连任学院分团委副书记,续力团学工作,以热忱关爱续写崭新篇章,传递着作为一名学生干部的爱与责任。

有人问我:"现在的你很成功,但你不累吗?"

我的答案是:累!但我觉得自己一直在成长,但值得。2017年12月,我光荣地成为一名中共党员,这也是令我无比骄傲的一件事!回想过去几年的成长之路,深感一路走到今天不容易。从最初那个怯弱的小女生蜕变为能独当一面的"大人",若不是当初跨出了那第一步,也不会成就今天的自己。感谢当初"狠心"的自己,我会朝着梦想继续前行!

怀创业梦，展大鹏之翅

——经济与管理学院 陈曦

陈曦，衡阳师范学院经济管理学院2015级财务管理1班学生。曾担任班长、院学生分会主席，衡阳师范学院第五届学生代表大会常委。多次参加社会实践调查和各级科技创新大赛，在湖南省"创青春"大学生创业大赛中获得银奖。注册成立湖南思成阳光体育文化传播有限公司，主营课外体育培训、赛事策划、体育用品销售、校园体育兴趣班等业务，积极开展体育进校园活动，培养青少年羽毛球人才。

> 许多大学生都有创业的想法和梦想，我也有过，也心动过，但由于各种条件的限制不了了之，一方面不甘心，一方面又觉得遗憾。陈曦不一样，他是一个敢想敢做的人，敢为人先，必将有所收获。
>
> （2017级电子商务1班 孙敏）

> 线下，他在赛场上驰骋；线上，他为菜农、果农寻求销路。经过四年努力，各种荣誉证书见证了他的奋斗。人生的路上，还有许多领域等着他去探索。
>
> （辅导员 吴瑶瑶）

鲁迅先生曾说："世界上本没有路，走的人多了，便成了路。"不走何来路，无创何来业呢？所以，我义无反顾地开始了自己的创业之旅。

预备：蕴藏厚积薄发的力量

"我要创业！"在许多同学还沉浸于刚迈入大学的喜悦时，我就已经在规划自己四年大学生涯了。在很多人看来，这可能只是一句玩笑话，却不知道对于我而言，早已在心中描绘出了一幅未来的创业蓝图。

我明白，创业绝不是简简单单的两个字，也不是纸上谈兵就能见成效的事情。只有脚踏实地地干实事，才能干出一番成果。丰富的社会实践经历培养了我重实践、肯钻研的好习惯；多年学生干部的历练，使我在团队中成为一名领头人；各类创新创业大赛以及电商精准扶贫活动，为我积累了宝贵的知识和经验。丰富的比赛和经历让我对"学习""创业""体育"有独到的认识。

一次偶然的机会，我在羽毛球场上认识了之后的合伙人耿思成。恍若一见如故，带着对体育运动的热爱与执着坚持，我萌生了在耒阳成立羽毛球培训机构的想法。机缘巧合下，一群热爱体育的大男生凑到了一块儿，展开了大学生创业的新篇章。

起步：公司雏形初现

决心创业的我，认真地分析了体育行业各大领域的现状后，最终选择切入青少年体育培训领域。结合自身专业知识，确定了公司主营方向是体育培训和体育衍生产品的销售，选择了"4～16岁的青少年"作为自己的目标客户。因为我十分看好中国的青少年体育教育市场。除了想要切分这块体育市场的"大蛋糕"外，我还希望通过自己的努力来改变"国民体育素质教育松散"这一现状，打造全新的"青少年体育教育模式"，把体育中最有价值的一面呈现出来。

但众所周知，一个团队要想成功，核心人物的自身综合素质非常重要。我通过在课堂上、实践中所收获的点滴，为公司创立出谋划策。凭借"找对应行业精英，弥补自身短板"的逻辑，我逐步组建了一支能力互补的高效团队。人员分工初见雏形后，热火朝天的筹备工作便展开了。万事开头难，我把课余时间全部投入了创业的筹备工作中。经过一系列市场勘察调研工作，我在创业的路上又前进了一步，数额不小的创业启动资金却成了我的"拦路虎"，我的家境并不富裕。没办法，为了梦想，我咬牙拿出自己多年的积蓄，带着父母的微薄支援，筹集了足够的创业启动资金。功夫不负有心人，2016年我成功拿到了公司的营业执照。就这样，一个没有任何仪式、没有任何人祝贺的湖南思成阳光体育文化传播有限公司，正式宣告成立。

探索：雄关漫道真如铁

2016年6月，我的团队制作了精美的宣传单，开展了线下宣传。同时在线上推出了集赞获免费课程的活动。此外，团队还设计了公司的专用网站和微信公众号，并成立机构负责运营推广。经过线上、线下同时推广和我们锲而不舍的毅力，十几天后，公司开设的第一期学习班名额报满，思成阳光体育的事业也从这批学生入校那天正式起航！如果有人问我这些天感受如何，我只想说："在这没日没夜奋命拼搏的几个月里，我几乎成了十项全能。"

但公司该如何持续发展下去，这个问题摆在我的面前，作为团队领导者的我的想法也成了大家期待的焦点。我想，那就将"思成阳光"打造成体育培训界的"新东方"吧！为此，我不断地探索最适合我们的商业模式。

2018年的湖南省"创青春"大学生创业大赛中，我带领团队顺利入围决赛，并获得了银奖。这次参赛经历让我有了更开阔的眼界、更敏锐的商业嗅觉。看到公司发展新前景的我，立马与团队商量，决定创新市场营销模式，搭建了网上电商销售渠道，并开设了线上线下相结合、销售高品质体育用品的店铺，同时还拍摄体育健身视频教程免费在网站上发布。就这样，越来越多的人参与到体育运动健身中来。经过不断的销售模式创新，目前，公司每月的净利润有30多万元。

虽然作为耒阳市首家专业的体育培训机构，思成阳光抢占了一定的市场资源，但是创业之路是艰难的，每一天于我而言都是新的挑战。2017年6月，当地的体育培训机构如雨后春笋般应运而生，我们的招生工作难上加难。而此时部分青年教练、合伙人接二连三地离职，将公司所有的重担都压在了我的身上。没办法，为了节省开支，为了维持公司的正常运营，我把账户上仅存的资金全部用于公司运转，断绝了一切应酬和娱乐活动。终于，我们度过了又一个危机，迎来了公司崭新的明天。目前，我公司拥有省级教练资格证的教练十人，国家队省队经历的六人。正是认真、负责的态度，强大的师资力量，使思成阳光排除万难，成为耒阳屈指可数的业内品牌。

启航：而今迈步从头越

2017年和2018年的暑假，我积极参与学院开展的暑期"三下乡——精准扶贫"活动，并跟随工作团队深入学校扶贫帮扶点开展扶贫工作。为了能真正帮助村民脱贫，我充分发挥了自身的专业优势，为农民们搭建电商平台，促进农户瓜果蔬菜的销售，解决了农副产品滞销的问题。这次实践经历让我明白——创业不仅仅是为了挣钱，更是为了让更多人过上美好的日子。

公司敏锐地抓住了衡阳市大力发展群众体育和校园体育的良好机遇，经过沟通洽谈，与衡阳市蒸湘区中小学达成战略合作关系，开展体育兴趣班，成为衡阳首家发展校园体育文化的公司。这意味着我们正式开启了向校园体育进军的征程。随后，公司还与耒阳市体校联合创建了青少年羽毛球、游泳培训基地，为湖南省输送了更多的优秀人才。此项业务不仅丰富了校园体育文化，还大大提高了青少年的身体素质，传播了"健康中国"和"全民健身"的精神。

  我如愿进入新的校园攻读硕士学位，渴望进一步学习体育产业相关专业知识。路漫漫兮，我将在创业的路上持续探索。

初心不变，逐梦不凡

——法学院 肖雅茹

  肖雅茹，衡阳师范学院法学院2016级法学1班学生。曾任衡阳师范学院青年志愿者服务联盟活动部部长、团委创新创业服务中心副主任、班级权益委员。先后获国家励志奖学金、一等奖学金、校三好学生、十佳志愿者、优秀共青团员、优秀共青团干、校演讲比赛三等奖、校辩论比赛第二名等荣誉。

>   我认识的她是平凡的，和其他志愿者一样，在爱和奉献的座右铭下，践行着志愿服务的精神。为了帮助更多需要帮助的人，她不断行走于衡阳市的大街小巷。她将爱心融入生活，用点滴努力换取爱的传递。我认识的她又是不平凡的，对于志愿服务的坚持和热忱是我们学习的榜样。
>
> （2016级法学1班 张彩珠）

>   没有华丽的装束，义工服是她最朴实的标志。扶贫敬老，帮困助弱，她将自己的课余时间充分利用起来，怀着满腔热忱，积极参与到各种志愿服务活动中，福利院、火车站、高铁站都留下了她的身影。她被同学们称为"行走的志愿者"。
>
> （辅导员 王鲁南）

  "同学们，高考结束后你们就解放了。""孩子，再坚持几天，高考结束你就自由了。"相信这些话，"高三党"听了不下十次。没错，我也是被父母、被老师"忽悠"着走进大学的，但也是他们让我对大学无比向往和憧憬。步入衡阳师范学院校门，"厚德、博学、砺志、笃行"八字校训映入我眼帘，也正是此时，我暗下决心：要在衡阳师范学院创出属于自己的一片天。

  我所选择的专业是法学，一门枯燥无味却很有意义的学科。之所以学法，缘于儿时的律师梦。大学就这样开始了，我和旁人一样，吃饭、上课、下课、完成作业、睡觉，除此之外，我发现竟还有不少闲暇时间。于是，手机成了我身体的"一部分"。走路玩手机、吃饭看手机、躺着还刷手机，我似乎已经离不开它了，脑子里不再是各种法律条文，更多的是各种各样的热搜、头条。那学期的期末考试，我顺利通过了，却离我定下的"优秀"很远了。那段时间的我，心情很沮丧，本想着能够在这里赢得"一席之地"，但现实却与之相反。好胜心使然，我不愿就此放弃，开始放下手机，坚持早睡早起与自主学习，班上前三排总有我的身影、早上六点半的湖畔读书声中总有我的声音、图书馆书架缝隙中总有我的模样。终于，我的名字出现在成绩表的靠前位置。

　　学习专业知识是一方面的发展计划，而理论总是需要转化为实践的。作为一名立志成为律师的法学生，好口才是必不可少的。于是，我开始关注演讲、辩论、朗诵等口才方面的活动。大一时满怀热忱地参加了学校社团联合会举办的"新生秀"活动，我却止步于复赛，原因不在其他，在于自己的紧张，紧张导致口齿不清、语言无逻辑。为了锻炼口才，我加入了辩论队。自那以后，我似乎"魔怔"了，抓住一切机会锻炼自己的口才，身边的朋友都曾笑话我"为何如此折磨自己"，如今想来也的确不可思议。那时的我，不论刮风下雨都坚持六点半起床，在自己的"秘密基地"反复练习绕口令、新闻稿、相声等，多少次练习到嘴唇出血、多少次稿子都被揉得皱巴巴、多少次一个人孤独地练习着。每次只要辩论队有活动，我总是第一个报名，几乎每隔几天就会参加一场小型辩论赛。参加的辩论赛越来越多，练习的次数越来越频繁，突然有一天我发现自己似乎变得更能说了，拿到一个辩题能随机发挥了，这时我真正明白了：努力，原来终会有收获！后来，我参加了许多大大小小的辩论赛、演讲比赛，也正是如此，我才有机会遇见今天的自己，这也是书本知识无法教我的。

怀感恩心，以行温暖世人

　　"姐姐，姐姐，和我们一起玩好不好？"

　　这是我第一次去做志愿活动时，小朋友们对我说的。这一句简简单单的话，竟让我感觉十分温暖。他们是"声之缘"康复中心的听障儿童，但你若听过"折翼天使"们那一个个从嘴中吐露出的字词，或许你会觉得这是世上最好听的声音。

　　"声之缘"康复中心在一个巷子里，不为太多人所知，这里的孩子的头部都戴着助听器，通过它来聆听着世界的声音。他们遇见生人不会害羞地躲起来，而是大方地朝你挥手，断断续续地进行着自我介绍。多少个周末，他们都陪伴我一起度过，我们会一起写作业、一起画画、一起学习绕口令，每一分每一秒都是开心的。也正是他们，让我爱上了做志愿者，明白了"赠人玫瑰，手有余香"。自那以后，我常常组织志同道合的同学前往火车站、高铁站、福利院、敬老院等处，为有需要的人送去爱和温暖。三年如一日地坚持参与志愿活动，我的热情只增不减。身边的朋友曾问我："你累吗？"我的回答是："不累。"周末于普通大学生而言，无疑是放松的好机会，但我却未用它来休息，因为我觉得宝贵的时间要花在"刀刃"上。

不忘初心，遇见更好的自己

大学，是一个机会多但竞争更大的平台。2017年4月，学校团委下设的学生机构开始招收新成员，为有志青年提供更多的锻炼平台。创新创业工作似乎也与自己息息相关，看到这儿，我有点心动了。于是，我开始认真准备面试。大一时的口才练习派上用场了。凭借出色的表现，我成了团委旗下创新创业服务部门的一员，开始接触创新创业系列活动、互联网＋大赛、创新创业指导课等工作。无数个加班的夜晚换来工作的正常运行，无数份工作的结束又意味着新工作的开始，日子就这样一分一秒地过去了。

朋友曾劝我退出，不想让我这么忙。但我却觉得，来到新的平台不仅能更快地提升我的能力，更能结交到更多优秀的朋友，增加学习、改变的机会。是的，时间有限，我有不足，但我未曾放弃，因为我知道时间是挤出来的，只有抓住现在的每一分每一秒，不断努力、拼搏，才有可能遇见更好的自己！

努力奔跑的"奋斗女青年"

——法学院 孔杉

孔杉,衡阳师范学院法学院2014级知识产权1班学生。在学生工作中,她认真负责、甘于奉献、务实求真、锐意改革,曾获得"湖南省暑期三下乡先进个人"荣誉称号;在学习上,她认真刻苦,成绩优秀,多次获得国家励志奖学金。

> 孔杉在生活中很懂得照顾人,总是在别人需要的时候默默地做事。她也是一个很暖心的姑娘,爱笑、很努力,任何事情交给她,大家都很放心。每次再多的资料、再烦琐的事情,孔杉都能独自完成得很好。她能成就今天的自己,不是因为幸运,而是用背后付出的努力换来的!孔杉,请继续加油!
>
> (2014级思想政治教育1班 李佳蓓)

> 能干、独立,是孔杉给我最深的印象。这个女孩做事很有责任心,并且很有大局意识。从学院组织部干事,到生活部部长,再到校学生会主席,这几年,她成长得很快。无论在哪个岗位,无论遇到什么困难,她都能积极乐观地面对。对母校,对学院,她始终心怀感恩。她是我们的骄傲!
>
> (辅导员 钟佩玲)

一步入大学,我就定下了第一个目标:做自己想做的,不断超越自我。

"我想加入学生会,所以我就去了。没什么好犹豫的,人生就是不断地尝试!错了,就改,因为年轻,我不怕失败。"我时常这样鼓励自己。

大学是个包容性很强的地方,只要你敢于尝试,勇敢迈出第一步。但这对于初入大学的我来讲,也不是件轻而易举的事。而当我迈上讲台对着大家说出自己想法的那一刻,我就已经成功了。经过竞选,我如愿进入了学生会。接下来的大学时光里,我总是满怀热情地对待每一件事情,因为既然选择了,就必须对它负责。班导助理、学生会主席,一个个岗位的历练,让我变得更加自信。

我是一个"闲"不住的人。爱交朋友,爱帮助人,是大家对我最直观的印象。热爱志愿活动的我从大一开始就加入了青年志愿者联盟(简称"青盟")。

青盟是学校一个成立很久的志愿组织，每年都会组织大量的特色志愿服务活动，为需要帮助的人送去关怀。只要周末一有时间，我便会去参加志愿活动，火车站、街道旁、小学里……都是我活跃的地方。坚守一片初心，做着自己所热爱的事，看着一张张笑脸，感受一抹抹温情，是我最满足的时刻。

我是一个要求"苛刻"的人。"既然做了，就得做点实事"，我一直用这个准则严格要求自己。大二时，我竞选为学院分团委学生分会生活风纪部部长，这可是一个极易得罪人的职位。但是我并没有因为困难而退缩。我积极创新工作思路，完善了宿舍考核评价机制和各项管理条例，使刚性的制度与柔性的关爱相结合，真正做到了想同学之所想，积极地为同学们奉献自己的力量。

在大家看来，身为一名学生干部，被光环和荣誉环绕。但是，我深知，哪有那么多的轻而易举，只是比别人多努力一些罢了。在开展各项工作时，总是面临诸多困难。有时，大量工作压得我喘不过气来，几近崩溃。做表格、整理资料、和老师对接工作……常常因为时间紧迫，任务紧急，到深夜才完成，而这时室友早已舒舒服服地进入了梦乡。记得有一次老师突然安排了一项紧急工作，我和几个小伙伴分好工，在电脑前奋力敲打着键盘，一步步按部就班地完成任务。当困难来临时，我已经能习惯性地告诉自己：不放弃，不抛弃，咬牙坚持住！

多年的学生干部经历让我对"笃行"有了更为深刻的理解：笃行是"在其职，谋其事"；是踏踏实实，勤勤恳恳，坚定自己前行的路；是无论身居何职，都能承担自己的责任，履行自己的义务。对于我来说，这些年变的是职务，不变的是来时的初心和为同学服务的真心，这样的自己也因此得到了老师、同学的认可，多次获得国家励志奖学金"优秀学生干部"和"三下乡优秀个人"等荣誉。

对于那些艰辛的努力，我总是一笑而过。感谢那个遇到困难没有轻易放弃的自己，也感谢那一段段难忘的经历，它们让自己变得更强大。我也始终相信：不抛弃，不放弃，前进前进不断前进。

人生就是一个舞台，每个人都不可避免地会成为这个舞台上的演员，可我势必要在人生这个舞台上留下属于自己的精彩。因为我坚信，"业精于勤而荒于嬉，行成于思而毁于随"。跨过一道坎，踏出舒适圈，永远不忘初心，继续前行，我——一个既努力又幸运的女生，正在以这个姿态大步迈向属于我的未来！

投身研究不道苦，挥洒汗水方青春

——生物药物研究所团队

生物药物研究所团队由衡阳师范学院生命科学与环境学院学生组成。团队荣获第三届全国大学生生命科学创新创业大赛一等奖1项，市级一等奖1项，校级特等奖1项等，申请外观设计专利1项，发表学术文章8篇。衡阳师范学院第十八届大学生课外学术科技作品竞赛的作品"猪传染性胃肠炎病毒IgY复合抗体制剂"已投入生产使用。

> 他们是一个奋进的集体，是一个努力的集体，是一个上进的集体；他们用日复一日的实验，用年复一年的团队传承，证明了热爱真的可以创造奇迹。他们的汗水换来的是收获时的热泪盈眶，他们的凝眸深思换来的是试剂投入生产时的欢呼雀跃，这就是生物药物研究所团队，新时代大学生中的笃行者。
>
> （2017级生物科学1班 张可）

> 他们是为梦想努力的大学生，他们是手拿试剂的研究员，他们没有肆意疯狂的青春，他们把无数个日夜奉献给了安静的实验室，他们把青春活成了最美的模样。
>
> （辅导员 刘树芬）

有人说，他们有着理科生典型的样子，穿着白大褂，在实验室埋头苦干，他们忍得住寂寞，实验室一待就是一天，他们耐得住严寒酷暑，不分早晚，实验室的电扇比寝室的空调更具有吸引力，就是这份坚持和寂寞，让他们的大学生活丰富而有意义。在我们眼里，他们刻苦钻研的样子就是最美的样子。

小学时，老师总喜欢问大家长大后想做什么，那时很多人说想做一名科学家，然而那时大家却不知道科学家的真正含义和责任。随着年龄的增长，大家的梦想变得飘忽不定，总在随着时间的推移改变着。但是也有人心中的那个科研梦一直都在，并且，他们的科研梦在来到衡阳师范学院后得以实现。

脚踏实地，知行合一

2016年9月，衡阳师范学院生物药物研究所杨海博士和唐青海博士在学生中招募组建大学生物药物研究所团队，第一批成员仅6个同学。初入科研实验室的他们，对于如何进行实验室的运行管理、如何申报项目、怎样开展实验项目、如何总结发表研究成果等一系列问题有些茫然，对于指导老师的严格要求，甚至有些"打怵"。

既来之，则安之。他们严格要求自己，从最基本的工作开始训练自己——每天坚持打扫实验室卫生。在这件简单的工作中，他们学会了认真、自律和自我管理，理解了简单事情到复杂事情一以贯之的道理。事实证明，他们坚持下来了，而这一坚持成就了他们团队"奠基人"的地位与荣耀。

"没有方案不能做实验，方案不完整不能开始实验，实验材料准备不充分不可开始实验。"这是指导老师给团队的第一条规矩。撰写项目申报书和实验方案是科研的第一步，非常重要。在指导老师的指导下，团队成员分工合作，广泛查阅资料、分类整理、归纳总结，撰写项目申报书。他们第一次接触到了"项目"的基本元素——研究的目的意义、研究内容、研究方法、技术路线、拟解决的关键问题、本项目的创新点与研究特色、已有的研究基础、可行性分析、进度安排和预期结果等。他们第一次发现，做科研项目的准备工作如此精细，他们也预感到，后面的项目实施可能要更为精细而艰险。

千里之行，始于足下。有了方案，接下来便是项目的实施与实验求证。做好一个实验相当于做一件精美的艺术作品，有时为了得到一张漂亮的实验结果图片，不断调整参数，重复数次，一不留神一个周末的时间就没有了。有时候一个小小的误差也可能导致前功尽弃，所有的实验都要从头再来。郁闷是平常事。

为了营造良好的科研氛围，提高工作效率，他们每周都要召开讨学术讨论会，每人汇报本周的工作、总结问题、提出下一步工作计划。大家畅所欲言，思维碰撞，从而产生新的收获。

对于他们来说，周末和节假日，只是一个虚无缥缈的概念。实实在在的，是开不完的讨论会和做不完的实验。在只有一把吊扇呼啦呼啦吹着的实验室里，他们一次次假设、验证、被推翻、再假设，不断重复着实验操作步骤。不知有多少个日子，从戴上实验手套到放下手中的试管，一眨眼就到深夜，直到被实验室的管理阿姨赶回宿舍；又有多少次实验失败后想过放弃，又在互相鼓励和安慰后，重新拿起手中的实验器材。事情就这样坚持下来，好的实验结果一一出现，一张张漂亮的图片、一个个扎实的结果对曾经的苦闷和付出，给出了最好的总结和诠释。

参加各类赛事和撰写论文发表文章是展示实验成果的基本形式。为了投稿，他们常常坐在一起就一句话、一个词反复琢磨、反复修改，他们时常熬到深夜。团队瞄准专业领域的各大赛事，精心准备，反复打磨参赛作品。参赛前在实验室要预演数次，反复修改PPT、斟酌每一句台词，甚至每张PPT讲的每句话、每一个动作、每一个表情都固定下来。在参赛途中的高铁上，他们在演练，到了目的地，在宾馆中接着演练……2018年8月，他们代表学校参加了在江苏师范大学举办的第三届全国大学生生命科学创新创业大赛，经过为期3天紧张激烈的角逐，在全国200多支高校代表队中脱颖而出，凭借良好的科研素养和综合能力，夺得大赛一等奖，实现了我校在该学科竞赛国家级奖项中零的突破。而后，团队在各类赛事中时有捷报传来，让人喜出望外。

如果说科研是孤独的修行，因为有了团队的协作，修行才有了生趣和意义。

从科研的系统训练中，他们领会了一套做事法则——事前有方案、事中有检查、事后有总结。

在日复一日的训练中，他们了形成一个理念——坚持协作能渡难关、注重细节才有卓越，这也许是实验带来的额外"惊喜"与财富。

艰难困苦，玉汝于成

功夫不负有心人，日复一日的刻苦钻研终于换来了丰硕的科研成果。

团队成员主持2017年地方高校国家级大学生创新创业训练计划项目2项、湖南省2017年度大学生研究性学习和创新性实验计划项目2项、衡阳师范学院第十八届和十七届大学生课外学术科技作品竞赛重点项目各1项。团队荣获第四届全国大学生生命科学创新创业大赛一等奖和二等奖各1项、第三届全国大学生生命科学创新创业大赛一等奖1项、湖南省十二届"挑战杯"大学生课外学术科技作品竞赛三等奖1项、衡阳市第八届大学科技创新大赛一等奖1项、衡阳师范学院第十八届大学生课外学术科技作品竞赛特等奖1项、衡阳师范学院第十七届大学生课外学术科技作品竞赛特等奖1项。申请外观设计专利1项，发表学术文章8篇。团队中多人考上中国科学院、湖南大学、上海科技大学等知名科研院所的研究生，开启了人生新的起点与征程。

走出实验室，团队参加了学校与南阳天华制药有限公司和广州格雷特生物科技有限公司的校企合作项目，更值得骄傲的是，团队所研制防治仔猪病原性腹泻的生物药物"仔猪病原性腹泻复合卵黄抗体制剂"已在南阳天华制药有限公司投入生产。产品将切实降低牲畜死亡率、提高牲畜出栏率,为养殖户增加了收益,真正实现了产学研一体化,为经济社会的发展创造了价值。

春风化雨,润物无声;桃李不言,下自成蹊。一批又一批怀揣科研梦想的年轻人不断加入,生物药物研究所团队已由最初的 6 人发展到现在的 30 余人。

拜伦说,青年人满身都是精力,正如春天的河水那样丰富。青春涌流不断的生命深泉,就应该敢于担当,吃苦耐劳,加强学习。大道至简始专注,知行合一终有成,相信团队在未来的道路上一定能够知行合一,实干笃行,创造更多的奇迹!

待我长成大树，定予你一抹清凉

——城市与旅游学院　黄洁

黄洁，衡阳师范学院城市与旅游学院2016级地理科学3班学生。曾获批国家级大学生研究性学习项目，征文《我的青春我的梦》获院级一等奖。

> 班上低头学习的同学中一定有他，他口中的"我在学习"不是一句空话或避免打扰的托词。无论严冬还是酷夏，教室里总是能看见他学习的身影。从他身上，我们看到了如何快乐地学习、有兴趣地学习。黄洁同学给班上起好带头作用，他也很乐意为同学们答疑解惑，大家都挺佩服他的。
>
> （2017级地理科学2班　郭曼玲）

> "书山有路勤为径，学海无涯苦作舟。"知识是一片汪洋大海，没有边界。在老师眼中，黄洁如同一直前行在知识这片汪洋大海的一叶扁舟。他是一位正在不断积累的"富翁"，他足够富有，因为精神的富足比任何财富都难能可贵。
>
> （辅导员　阳宏润）

一木·奋发向上

在成长路上，我是一棵永不停息、不断生长的树。

深夜、桌前、灯下、纸上、一盏茶、一个人。我享受沉浸于探索的世界，一切纷扰似乎都与我无关。因为我还有大量的文献要查，它们可容不得丝毫懈怠与马虎。从探访大南岳圈附近的乡村旅游地，获取第一手研究资料，到看着论文的初稿一步步成型、定稿通过。如果说，一篇论文是一棵树，那么在这期间，我见证了其沉淀、破土、抽芽到开花再到结果的成长历程，也感受到了它在我的倾心呵护下渐渐成长的满足感。虽然在完成的过程中会遇到事先没有想到的情况，但是我时刻保持着战斗状态。我始终相信，通过不断汲取水分，这棵树终将茁壮成长！

图书馆之外，便是运动场。学习之余，我还是学院篮球队的一员。拥有一个强健的体魄，蓄足精力才能更好地投入学习中去。我见过卯时的校园，那时天还蒙蒙亮。我也曾艳羡一觉睡到天亮的同学，但我更向往汗水过后风吹的畅快。清晨五点半，我已到达训练场地，开始热身。踮起脚，只为更好地看清教练细微的小动作；侧着头，只是希望听得更加清楚。

不去想我是否能够成功，既然选择了远方，便只顾风雨兼程。

一林·齐头并进

在集体中，我是一棵与伙伴们一齐迎头向上的树。

从生活实际出发，偶然间，觉察到其中存在小问题，我也会不断地思考。无论是走在路上还是在食堂吃饭，我都在思考，并寻求解决办法。可我发现个人的能力是有限的，恐怕我自己的力量还不够。"一滴水比不上大海的力量，但是无数滴水可以汇成大海。"于是，我开始寻找与自己志同道合的同学，与他们一起成立和运作创新小组。在团队中，遇到的实验难题我们可以一起解决，压力与喜悦一起承担。团队合作效率更高，一切都是事半功倍。创新小组的每一位成员，都特别珍惜头脑风暴的机会。因为我们知道，这意味着个人的思考、集体的交流、思维的碰撞，其定会擦出不一样的火花。集众家之所长，思想的火球便会越滚越大。而这份努力也得到了回报。在我的带领和团队的努力下，我们争取到了国家级大学生研究性学习与创新型实验项目，并于2018年通过了3项科技创新项目，其中有一项是校级重点项目。不过，做科研的人都知道，科研这条路并不好走。科研不能浮躁，一不小心，实验结果就会功亏一篑。我们不敢停下来，只敢一直在科研路上奋力奔跑。我们时刻谨记，成功不是一蹴而就的，需要持续而扎实地攻克一个个难关。因为我们心中有着这样一个坚定的信念——心之所向，身之所往，岁月可待，未来可期。

一森·无言奉献

在社会中，我是一棵愿将自己融入绿色大森林的树。

在大学里，我担任了团支书一职，组织召开各项班会活动便是我的职责。记得有一次带领班级学生前往珠晖区敬老院。我们坐在老人们身边，轻轻握着他们的手。老人们很高兴我们能来，拉着我们的手说个没完。心中满满的善意在掌心间传递。分别时，老人们都很舍不得我们，一边叮嘱我们要好好学习，一边不舍地与我们挥手。那一刻我真正理解了做志愿的意义，有这么多的人需要我们去帮助，哪怕陪他们说说话，也够了。

在衡阳师范学院创建文明高校期间，我也带领团支部同学开展志愿活动，打扫学校卫生，整理共享单车。在衡阳街头交通劝导支援活动中，我还帮助了一位寻找孩子的家长，使家长顺利地找到了自己的孩子。看着一家人团聚，那种感觉真好。

如果要给自己下个定义，我希望我是一棵树，一棵正在不断向四周延伸、不断往深处扎根的树。希望未来某一天，自己能由一株小树苗长成参天大树。不断向上伸枝，追寻创新思维；向下伸根，踏稳实践步伐。

一路走来，我变了，我长大了。此刻，我想说："梦想的路，是乏味的，我不知何处会有一冽清泉等着我，也不知道清泉里是否有毒药，让我沉醉不前。但我终究还是挺了过来，并在自己坚持的那条路上越走越远。"无惧风浪，山行脚下，遇水泛舟，跋山涉水之后定有旖旎的风景。

青春在热爱中绽放

——功能 MOF 团队

湖南省第七届大学生课外化学化工创新作品竞赛功能 MOF 团队，由衡阳师范学院化学与材料科学学院的 16 位学生组成。团队自 2012 年组建以来，先后在省市级竞赛中取得了优异的成绩。2015 年荣获"湖南省第七届大学生课外化学化工创新作品竞赛"二等奖，2016 年荣获"湖南省第八届化学化工创新作品竞赛"三等奖两项，2018 年荣获"第十届湖南省大学生课外化学化工创新作品竞赛"一等奖。

> 2012 年，我们团队在化学与材料科学学院陈满生老师的指导下组建，至此已走过了七个春秋。七年中，新血液不断涌入，历届团队成员不断努力充实自己，积极为团队增光添彩。回首三年的实验室时光，是科创让我成长得更加优秀，也让青春年华有了更多的意义，正如组员们常说的"无科创不青春"。
>
> （2016 级化学 3 班　刘思妍）

> 成功的路上总是得披荆斩棘，无数次产生迷茫，无数次坚定信念，如此反反复复，才有可能向成功一步步靠近。青春是用来奋斗的，"共同的事业、共同的斗争，可以使人们产生忍受一切的力量"，愿同学们在科创的路上不忘初心、砥砺前行，朝着心中的梦想奋勇前进。
>
> （化学与材料科学学院党总支书记　张复兴）

当人有了信念、有了信心，那么即使是失败也能坦然接受、从容应对。做好今天的每一件事，明天才会有收获！

热爱点亮坚守的心

　　初次与科研相遇时懵懵懂懂，看着陌生的药品、仪器，我们曾感到无从下手，在做科研的过程中，可以很清楚地感觉到平时课堂中所学到的知识是完全不够用的。刚进实验室的我们，连最简单的药品取用都不知如何下手，称取氢氧化钠时将药品直接放置在称量纸上称取，结果导致氢氧化钠吸潮，部分黏在称量纸上，以致无法准确称取；分析天平未进行清零就开始使用，使用天平不会提前预热；一个个需要精确组装好才能用的反应釜、庞大的需要自己定时的烘箱，从未接触过；学姐们讲述的实验步骤也完全不知由何而来，对实验原理完全不懂……但这并不能阻止我们前行的脚步。小组成员们跟着陈满生老师一起不断地学习国内外相关资料，自己课后查资料，去学习别人做过的研究成果，不断尝试，积极探索，在实验的过程中不断积累与成长。

　　不论是对于第一次写科创申请书不知如何下笔的刘思妍，还是对于一直没有接手过完整项目的唐海军，或者是对于每天只是清洗仪器的刘兴宏来说，继续坚持下去是如此的困难。刘兴宏在大二的时候加入了科技创新实验室，刚进实验室的他，看着那些五颜六色的试剂和药品，还有形状各异的实验仪器，兴奋得不知所措。这时的他，就想通过科技创新来发挥所学知识的实用价值。可是令他意想不到的是，他面临的是每天瓶瓶罐罐的清洗，渐渐地，他对自己进入实验室的初衷产生了怀疑。后来，他的指导老师给了他一张合成路线图，这是以书本上的反应为基础而又高于书本的反应式。随即他便全身心投入了研究，在研究过程中，他才意识到之前那些清洗实验器材的经历对于他来说有多么宝贵。正是因为那一段洗瓶子的时光，他在做实验的时候格外细心与谨慎，对于实验结果的把控也格外准确，大大减少了实验误差。那一刻，他才觉得在实验室的每个步骤都有自己的灵魂，也因此坚定了自己对科技创新的初心。不光是刘兴宏，整个团队都本着一颗热爱科创的心坚持着，本着对化学的热爱努力着，一步步在磨砺中探索前行。我们始终坚信，机会总是青睐于时刻准备着的人，而我们也终于等到了它。2015 年 3 月，团队成员陈小利、刘琴等申报了衡阳师范学院研究性学习与创新性项目，并成功拿到了一般项目"含酰胺基多羧酸配位聚合物的合成、结构及气体吸附研究"。2015 年 6 月份，撰写的论文《三维杂核 Ni（Ⅱ）－Sm（Ⅲ）配合物的合成、晶体结构及性质研究》被《衡阳师范学院学报》录用。同时，2015 年撰写的论文《1,5－二（2－乙基咪唑）戊烷和 5－羟基间苯二甲酸构筑的锌（Ⅱ）配合物的合成、结构及其性质研究》获"第七届湖南省大学生课外化学化工创新作品竞赛"二等奖。这些成果不断地激励着团队,让大家对科研更加有信心,更加有热情。

坚持照亮前行的路

每年开学季都会有一些和我们一样,对实验创新有着满腔热血的人加入团队,团队被注入了新鲜的血液。所有人都干劲十足、满怀热忱地在自己的岗位上忙碌着。从查阅大量资料、密切关注国内外研究动态,到遇到问题相互讨论,大家都齐心协力,反复实验尝试,以得到满意的实验结果。记忆犹新的是进行配位聚合物(MOFs)的研究,最初我们对研究方向一筹莫展,也存在很多分歧。经过交流讨论,由于配位聚合物MOFs作为有机-无机杂化材料的代表,以其丰富的结构以及在气体吸附与分离、光学材料、电化学材料、磁性材料化学传感器及催化等领域都有广泛的应用,对当今材料学研究、化学研究、物理学研究等都有重要的意义;同时,最近文献报道了一种MOFs多孔材料,在77K不加压条件下,其部分区域可以比迄今为止任何材料吸附更多氢,为氢能的广泛应用展示了光明的前景;再加上我们在大一学习无机化学时着重学习了配位聚合物,具备扎实的理论知识基础。所以,我们一致认为对MOFs的研究可行。这是一种既不同于传统无机多孔材料,也不同于一般有机化合物的有机-无机杂化材料,是由无机金属中心(金属离子或金属簇)与桥连的有机配体通过自组装相互连接,形成的一类具有周期性网络结构的晶体多孔材料。在此次实验之前,我们发现国际上许多化学家、物理学家和材料学家做了相关研究,研究结果表明,MOFs多孔材料在气体储存、催化剂、分离及光电磁材料等方面具有重要的应用价值。受文献的启发,我们对功能MOFs材料的了解更加深刻,也进行了一定的思考,于是开始积极在团队内进行讨论,确定实验基础方法。团队内成员明确分工,不断地尝试实验方法,经历多次失败后,最终选择在水热或混合溶剂热体系下,以过渡金属Cd、Zn、Ag等作为金属源,1,5-二(2-甲基咪唑)戊烷(以下均简称S5)作为有机配体,引入合适的辅助配体。在实验期间,我们同样遇到了许多问题,一直得不到目标晶体。要知道,采用的金属离子、酸、配体的种类、溶剂、温度、酸碱度等,都会影响晶体的长出以及质量。于是我们首先通过改变温度进行实验,但依然没见到晶体的影子;接着改变金属离子的种类进行实验,出现了晶体,但是析出的晶体较细碎,并且有大量杂质;我们又在原来的方案上修改反应物的比例,并且将溶剂由单纯的水改为水加BTB、单独的BTB进行实验……晶体的析出还需要稳定的环境,在采用溶液法合成晶体时,我们不小心触碰到它，就会影响晶体的析出；碰了盛有溶液的烧杯后，会出现晶体就不再析出、晶体长成一大团、晶体长得很软等情况。面对这一个个难关，我们互相鼓励，没有半点要放弃的想法，最终经过多次探索，完善了实验方案，并且成功获得具有良好晶体结构的金属有机配位聚合物。而这仅仅只是开始，后面我们进行了 X－单晶衍射、红外、荧光、热重分析等一系列技术分析，根据分析得到的数据撰写了论文，上交了申报材料。为了纪念我们此次研究的辛苦与喜悦，我们还将自己的团队命名为功能 MOF 团队。

传承燃烧创新的火

我们深知，科研实验的道路注定是辛苦的，前方看到的不仅是重重困难，还有一个个亟待解决的科学难题。未知在等着我们，我们也义无反顾，哪怕是在实验室待到很晚，哪怕是没有了轻松愉快的周末，哪怕是每天都带着满身的疲惫。能够和整个团队在一起研究课题，一起沉浸在学习讨论中，一起忙碌、一起学习、一起解决困难，便觉得是值得的、是愉快的。"抬头看向伙伴们，她们仍旧把头埋得低低的。我也就没有休息的想法了。"

终于我们也等来了属于我们的收获季节：2016 年 3 月份，课题组成员黄秀玉、何湘粮等成功申报了衡阳师范学院研究性学习与创新性项目重点项目暨湖南省研究性学习重点项目"双咪唑配体构筑的具有荧光传感性能配位聚合物研究"。黄秀玉、曾朝建等撰写的论文《1，5－二（2－甲基咪唑）基戊烷和 5－溴间苯二甲酸构筑的锌（Ⅱ）配合物的合成、结构及其性质研究》和陈小利、刘琴等撰写的论文《含酰胺基多羧酸配位聚合物的合成、结构及性能研究》均获"第八届湖南省大学生课外化学化工创新作品竞赛"三等奖。在 2016 年 9 月份的衡阳师范学院第十七届科技创新作品竞赛中，课题组成员成功申报了重点项目和一般项目各一项，其中余晓璇、邓冬梅等参与的一般项目获三等奖，何湘粮、陈小利等人参与的重点项目获特等奖并被学校推荐参加"湖南省第十二届挑战杯大赛"，荣获省三等奖。黄秀玉、何湘粮等撰写的论文《金属有机骨架 CAU－1－（OH）2 快速合成与荧光传感性能》已发表在《广东化工》杂志。黄秀玉、曾昭建等撰写的论文《柔性 1，5－二（2－乙基咪唑）戊烷配体构筑的两个 d10 金属配合物的合成、结构及性质》已发表在《无机化学学报》。何湘粮、陈小利等人撰写的论文《金属有机骨架锌化合物的微波合成与荧光传感性能》已发表在《广东化工》杂志；余晓璇、李亚玲、奉琴撰写的论文《1，4－二（1，2，4－三氮䂳－1－甲基苯与 5－硝基间苯二甲酸》和邓冬梅、刘思妍、胡赛华撰写的论文《柔性双咪唑配体构筑的配合物的合成、结构及荧光传感性能研究》在 2018 年"第十届湖南省大学生课外化学化工创新作品竞赛"中分别获得一等奖和三等奖。

　　团队三年来秉承着对科研的热忱，不断钻研，重复实验，我们希望能有更多的人走上创新这条道路，将创新精神传承下去。团队负责人陈小利曾多次作为学生代表在学院科技创新动员大会上发言，认真解答同学们对科技创新所提出的各种疑惑，积极号召大家参与到科技创新中来；作为班导师助理的陈小利和何湘粮，在新生入学期间就开始宣传科技创新实验室，发动更多的学弟学妹投入科技创新中；团队成员也在实验中锻炼自己的能力，为创新实验打下更为坚实的基础。

　　我们始终坚信，团结协作、创新发展，是作为新时代青年必备的技能之一。我们一直在路上，不断努力成为大家的榜样。

心怀温暖，永不孤寂

——生命科学与环境学院　谢锦涛

谢锦涛，衡阳师范学院生命科学与环境学院2016级环境工程专业1班学生。在"圆梦大学，高考志愿填报公益计划"活动中获"全国优秀志愿者"。在校期间，曾获衡阳师范学院年度"笃行先锋""十佳心灵特使""优秀运动员"等荣誉。

> 他是大哥哥，需要帮助的时候会露出他强壮的臂膀，心情糟糕时喜欢和他一吐为快。他就是一个温暖的存在，他就像一团火，好像永远不会熄灭，冷了可以找他取暖，黑了可以找他照亮，他告诉了我们，心怀温暖，永不孤寂。
>
> （2016级环境工程1班　钟鹏飞）

> 他始终保持淳朴的初心，在奋进的路上砥砺前行；他始终坚持实践出真知，在成长的路上奋勇向前。他没有锋芒的善良，细雨一般化在人们的心里；他不求回报的温暖，不露声色地滋润人们的心田。
>
> （辅导员　许若霏）

心存感恩，奉献于行

生而平凡，却不想平庸。母亲在我年少时便因突发疾病去世了，从此父亲就独自承担着整个家庭的重任。我的父亲，他从不言苦，也没有忽视对我的教育，也正是他教会我："先学会做人，并要做好自己本职工作。"我一直牢牢记着父亲的教导，上大学以来，积极参加各种社会实践，一方面提高自己的实践技能，另一方面也为父亲分担家庭负担。父亲的言传身教对我影响深远，从小到大身边的人也没因为我的"特殊情况"而看不起我，相反还给我带来了很多温暖以及鼓励与支持。生活中的点点滴滴，让我知道如何去做一个善良正直的人。正是这种成长环境让我坚信，做一个善良的人才是最幸福的，我要和他们一样，用自己的实际行动去回应身边人的每一份温暖。我觉得，回报他人最好的行动就是为他人服务，于是，选择成为学生干部，担任了心理委员、生活部副部长、足球队负责人等职务，从各方面、多角度为同学们服务，但凡同学们需要帮助，只要有空我都会第一时间前去帮忙。课外我也常常与同学们谈心、聊天，解决日常生活中遇到的各类问题，他们喜欢称我为"知心涛哥"，尽管我的年龄比他们小。如果你做的事情能让一个人或者很多人变得更好，你就没有不去做并且做好它的理由。

脚踏实地，追梦不止

睡觉、打游戏、宅在宿舍，或许是一些大学生的日常生活，但我并不喜欢这种生活模式。一直爱好体育与音乐的我，步入大学后没有宅在宿舍，而是选择走出宿舍，走向校园，先后参加了各种比赛，取得了一系列荣誉和成绩。

过去的一年，我很荣幸被选为班级的心理委员。作为心理委员，我时刻关注同学们的情绪问题，积极引导他们，因工作成绩突出，被评为"校十佳心灵特使"。在与其他班委的共同努力下，我班团支部获得了2018年度校五四红旗团支部。积极参加雷锋月志愿活动，组织参与以"世界水日"为主题的志愿宣传活动并作为主要宣讲人之一，利用现代媒体手段记录我们的活动过程，提升自我奉献意识。积极参与由我院联合衡阳市环境保护志愿者协会举办的"益起行，益起动，守护河道一公里"的环保志愿宣传活动，与衡阳市政府和相关部门领导以及其他志愿者一起行动，起到了先锋示范性作用。作为学院学生分会生活部的一员，我也积极配合院学生分会及学院老师的工作，设计宿舍特色活动——"文明寝室创建活动"和"寝室文化节"，其中由我们部门共同打造的七间文明寝室全部获得校级"文明示范寝室"称号。同时，我协助院学生会其他部门举办了一系列大型活动，例如学术沙龙、院辩论赛、毕业和迎新晚会、生命与健康知识竞赛、校外学术交流等，积极参加各项体育活动，如篮球赛、足球赛、气排球赛，并获取了许多团体奖项及个人优秀运动员称号，获得了老师、同学们的赞扬。

学以致用，励志笃行

"闲不住"是我的一大特点，我积极参加各种类型的志愿者活动和专业实践活动，从中学到了很多课本以外的知识，同时，学会了如何更好地与人沟通、如何清晰地表达自我需求等，个人能力有了很大提升。

在衡阳市聋哑学校雷锋志愿活动中，我第一次接触到这些如天使般的孩子们。我有些心疼他们，因为他们不能和正常人一样聆听美妙的声音，很多孩子需要借助设备才能听到外界的声音，他们从看到到听到这个过程，就仿佛是与一个新世界连接的通道被打开的过程。我很享受和他们一起玩耍、学习、跳舞、画画的时光，他们那份纯真也是最能打动我的。我们很幸运，生而拥有很多美好的东西，应该将这些美好的东西努力传递给这个社会。

我还参加各种专业实践活动，到湖南永清环保、衡阳市危废处理中心、衡阳市污水厂等企业进行学习，这些企业每天需要处理来自全市各地的生活垃圾和工业垃圾，其中令我印象最深的是湖南永清环保公司，他们每天需要帮助衡阳市以及周边城市处理上万吨的废物，包括废物减量、废水净化、废气净化。湖南永清环保公司在完成这些工作的同时，还能利用这些废物发电满足日常需要，甚至每天发电的剩余量还可以销售给国家电网，争取相应的利润。我更多地从环境专业的一线单位学习相关经验，努力提升个人的专业素养以及职场经验，为以后能够更好适应自己的本职工作做好准备。

暑假期间我参加由共青团学校部以及共青团中央网络影视中心指导、"青年之声"网络文化服务联盟等主办的"圆梦大学——高考志愿填报公益计划"活动，负责情系母校志愿者、专业讲解志愿者、线上互动志愿者、宣传志愿者组织协调等任务，获得全国优秀志愿者证书，同年11月被团中央通报表扬。在活动中遇到一些高考不理想的考生，尤其是那些情绪波动比较大的同学，我会安慰他们、鼓励他们，为他们选择理想的大学提供力所能及的帮助。我热爱做公益活动，因为我能收获幸福感，得到更多的成长。

我曾经在听一位老师上政治课时讲到关于他自己的故事，年轻的时候他特喜欢折腾，做乐队、做演讲，尝试各种体验，积累经历。等到40岁回想起过往，他很大一部分他已经忘了，因为很多东西仅流于表面而没有真正沉淀在心中，直到后来他才发现，只有能让别人变得更好，帮助这个社会变得更好的事情，才是真正有意义的事情。我当时就很认同这个价值观，并以这个作为我的行动指南。

慎思明辨，笃行致远。只有坚韧不拔，持之以恒，才能成功。在以后的学习、生活中，我也会不断地学习知识，充实自己；参与实践，提升自己；帮助他人，丰富自己。未来还有更多的挑战等着我，我要做的事还有很多，我相信，自己能走得更远、看得更高，能有更大的进步。

他从火光中走来

——体育科学学院 蒋志景

蒋志景，衡阳师范学院体育科学学院2016级运动训练3班学生。国家二级足球运动员，国家足球一级裁判员，中国足球协会D级教练员，羽毛球、田径、排球国家二级裁判员。曾获湖南省"情牵脱贫攻坚优秀调研员"、第十三届全运会蹦床比赛优秀志愿者、2019国际马拉松优秀志愿者。曾获2017年衡阳师范学院足球专业组第一名、衡阳师范学院优秀共青团员、衡阳县一中新生军训优秀教官等荣誉。

> 他憨厚的外表下有一颗热情的心，有力量，有胆量，有耐心，有善心。他是我们的榜样，有他在，我们很安心。
>
> （2016级运动训练3班 刘金鹏）

> 他从火光中走来，身披霞光，洁白的毛巾成为他手中的盾牌。他用实际行动诠释着青少年勇于担当的内涵。他还年轻，他永远在路上！
>
> （辅导员 崔亚杰）

勇字当头，敢为人先

2018年5月16日，女生宿舍10号楼408宿舍意外失火，一时浓烟四起，并蔓延到上、下楼层。我当时还在上课途中，刚好买了水准备去上足球课，听到这个消息我没有丝毫迟疑，马上飞奔到事发现场。我上去的时候火已吞噬整个宿舍，只听到失火宿舍时不时传来爆鸣声，且中午风大，浓烟瞬间蔓延，走廊一片漆黑，困在其中会有窒息的危险。当还得知有许多同学仍在宿舍时，为了在第一时间提醒大家并实施营救，我毫不犹豫直接冲了进去，当时脑子里只有一个想法："救人！敲门！"当时的我忘却了自己的处境，忘记了自己已经身陷浓烟中，但一想到还有很多同学正在午休,还在危险之中,我就不停地奔跑,大力地敲门,以此提醒她们。

冲进滚滚浓烟之中,用力地敲击每个寝室的门,浓烟弥漫让我睁不开眼,我仍然在继续大声呼喊宿舍里的人,并提醒大家低头向楼道两端跑。等同学们基本上撤离完的时候,突然听说还有一位膝盖受伤的同学躺在宿舍,我又冲进去敲了那个宿舍的门,但是当时里面已经没有人了,而我却又深陷浓烟中什么也看不到,只听到和我一起参与救火的年级辅导员崔亚杰老师大喊:"蒋志景快出来、快出来。"因为当时真的只想着把人救出来,没有崔老师的呼喊也许我就会被浓烟吞没,会很危险。所以在此也谢谢亲爱的辅导员崔亚杰老师。

等三层楼所有学生完全疏散、安全撤离后,我才松了一口气。我清楚地记得,脸上除了用毛巾遮住的地方,其他都被浓烟熏黑,火场里的滚滚浓烟使我的鼻腔里也满是烟灰。同学们回忆那天都说:"只看到一个黑人发了疯似的敲打寝室门,疏散同学。"我还是挺为自己骄傲的,因为我是火场里最独特的"黑人",在所有冲入火场进行现场营救的人中,只有我一个人是学生,现场的救援人员也个个对我竖起了大拇指。

后来很多人问我当时害不害怕,其实我也怕过,但我想到同学身处危险之中,她们更害怕,就毅然选择了冲进去救她们。直到现在我也没有为当时的决定而感到后悔。同时我觉得,这也是一名预备党员应尽的职责,假如还遇到这样的事情,我还是会毫不犹豫地冲进去!

牢记己任,尽力而为

从成为衡阳师范学院学子开始,我一直严格遵守学校的各项规章制度,无论是在学习上还是工作上都时时以高标准要求自己,并妥善处理好两者之间的关系,努力做到全面发展。同时,我也积极参加社会实践活动,将个人价值同社会价值相统一,力求卓越,鼓励他人,尽全力展现作为一个学生干部应有的责任和担当。

作为一名大学生,我们应该积极响应号召,提高自身政治敏感度,而我作为学生会的成员之一,更是主动加强政治学习,关注时事政治,及时学习党中央颁布的决策和决议。我始终具有坚定正确的政治方向,同时在思想和行动上严格要求自己,积极向党组织靠拢。每月都会向学院党组织上交思想汇报,为了加强自我提升,参与校团委组织的第六期青年马克思主义者培养班。在日常生活里,更是以实际行动不断提升自己在思想政治方面的素养,做好各项工作,全心全意为同学服务。在 2019 年 5 月，我荣幸地被校团委授予"优秀共青团员"称号。

关于体育生，大家脑海会有"四肢发达"的印象，其实并不然。我作为体育生长期要腾时间训练，所以对自己的要求便更高。我会要求自己做到认真踏实，勤学苦练，在专业知识上，学好各项专业知识及相关基础知识，并不断提高实际动手能力，在课余时间做一些关于体育方面的素质拓展活动，跟社会上不同的人接触，获得不同的锻炼，使自己的社会经验更加充足。同时，我又是一个喜欢多动多做的人，在大一以及大二期间带领一部分同学参加了各种社会实践，有一大部分活动由我组织策划和执行。幸运的是，在大三的时候还为衡阳市委办、衡阳市碧桂园、衡阳市水利投等策划和执行素质拓展活动。功夫不负有心人，我现在已经获得了国家一级足球裁判员证书，田径、羽毛球、排球等项目的国家二级裁判员证书，中国足协 D 级教练员证书等。

入校至今，我一直有非常强的集体荣誉感和责任心，自担任体育科学学院学生分会风纪部干事以来，通过自身平时表现及扎实工作，得到学院老师和同学的认可，并在 2017 年 6 月担任体育科学学院分团委学生分会副主席，2018 年 6 月担任体育学院学生会主席。在工作期间，我一直秉承着多做、多想、多问的原则，及时、认真完成学校安排的工作任务。在积极协助学院领导和老师完成各项工作的同时，也在老师与同学之间发挥纽带作用，为学院的学生管理工作做了许多贡献。作为一名学生干部，对待困难同学和集体的需要，我都毫不含糊，尽其所能为大家排忧解难。特别是在那场意外火灾中，我更是懂得了一名学生干部该有的责任与担当。

提升自我，不断超越

独善其身并不能完全融入环境，拥有一颗热心肠和集体意识的我从入校以来便有服务他人、服务集体的意识。在大二时，我主动申请担任体育科学学院 2017 级体育教育 1 班的班导师助理，在任期，按质按量完成学院安排的工作，团结、引导班上学生逐步走上正轨。在 2018 年我再次申请成为 2018 运动训练 3 班班导，为学院的学生管理工作增添了一份力量，也锻炼了自己的交际能力和管理能力。在 2017 年 7 月，我参加湖南省委宣传部组织的"情牵脱贫攻坚"暑假社会实践活动，半个月里跟随调研队伍深入贫困农村，参与调研了衡东县蓬源镇的冲排村、荣桓镇泉龙村、杨林县荆竹村三个村近百户贫困家庭，在此次调研团队中获得了优秀调研员称号。除此之外，我珍惜每一次实践机会，在 2017 年 8 月，经过主动申请，成功被聘请为衡阳县一中 2017 级高一新生军训教官，获得了"优秀教官"称号,也得到了县一中学校领导的一致好评。2018—2019年多次担任马拉松志愿者和体育赛事志愿者。我一直在不断地提升自己的能力,也在不断地超越,为成为最好的自己而努力着。

  不忘初心,我相信我能将身上被认可的品质继续发扬;砥砺前行,我也会继续追求卓越。我相信,刻苦奋进的我定会给自己和集体交上一份完美的答卷。

听，我的声音

——法学院　郑欣雨

郑欣雨，衡阳师范学院法学院2016级法学专业1班学生。在校期间表现优异，先后获得2016年湖南省"心无旁骛，求知问学"演讲比赛二等奖，2017年湖南省广播电视节目大赛三等奖，2017年衡阳市"美美衡州"晚会"最佳台风奖"，2018年中山大学第十届模拟联合国大会"最佳风采奖"，2018年湖南省广播电视节目大赛二等奖。

> 她在舞台上总是光鲜亮丽，但是没人注意到衣服后的别针；她在舞台上总是面带微笑，但是没人注意到一场晚会结束后早已僵硬的脸庞。她很美，她努力的样子，一直很美。
>
> （2016级法学1班　张彩珠）

> 每一次微笑都是完美的弧度，每一次上台都熠熠生辉，她的身影不仅在台上，还在改稿子的深夜、在串词的后台、在练习站姿的镜子前，她用认真和努力从幕后走到台前，她将用坚持和执着，走向更大的人生舞台。
>
> （辅导员　黎兆萍）

种豆廿余载，一朝待花开

"大家好，我是主持人郑欣雨。"这句话从我进入衡阳师范学院至今已经不记得说了多少次，每次说出这句话时的兴奋和骄傲依然还在。进入大学之前，我既没有想过成为一名校园主持人，也没有专业地学习过播音主持。但从小我就对播音主持有着浓厚的兴趣、对话筒充满神圣的敬意、对舞台抱有热切的渴望与向往。小学作为班长策划和主持班级晚会，高一坐在台下看着学长学姐拿起话筒主持元旦晚会，那个时候我不知道命运为我和主持悄悄埋下了缘分的种子。大学生

笃行篇

活伊始，我和所有懵懂、青涩又热血的新生一样，因为兴趣去自己喜欢的校园机构面试，三轮面试过后，在数百人的激烈竞争中有幸成为"校园之声"广播站的成员，开启了播音主持追梦之旅。

我依旧记得大学的第一场主持。那时全校都在如火如荼地开展"两学一做"活动，有来自各个二级学院、不同年级的同学参加这次"两学一做"知识竞赛活动主持人的选拔，坐在一大群人中我并不起眼，但没有紧张也没有压力的我却意外地获得了这次机会。我格外珍惜第一次全校性的主持机会，一遍遍熟读稿件到完全脱口而出，一次次穿着高跟鞋练习，希望每个字、每一步都不给观众和自己留下遗憾。机会不亏待有心人，我圆满地完成了第一次青涩的校园主持。正是这次机会，我切身体会到主持人在活动中的重要性，这个角色不是舞台的主角，却掌握着舞台的节奏、承载着观众的期待，它是一根线，也是一座桥。

之后，我开始在学院的活动中争取机会，跟着学长学姐学习经验。刚开始很辛苦，经验不够，应变能力不足，控场能力不够，大一学业负担也重，空余时间几乎被完全占据，偶尔出现失误便会备感压力和难过，无数个疲惫的夜晚，一个人修改主持稿时觉得孤单，但想想能拿着话筒说出那句"我是主持人郑欣雨"，这感觉就比咖啡还提神醒脑。我明白登高之人除了贵在坚持，还要踏实走好每一步。对主持这件事有更深的理解，是因为一位老师和我谈心时说，希望我能够把衡阳师范学院主持工作好好传承下去。"传承"这两个字，像一把烈火烧在我心里，温暖了那些一个人独自奋斗的晚上。衡阳师范学院为社会培养了无数名优秀的老师，百年师院，千年传承。那时我很坚定地想，我不仅要做衡阳师范学院的一分子，也要成为传承的一分子。正是那次谈心后，校园主持工作的意义对我而言不仅仅是个人兴趣了。

大一观看元旦晚会时，我坐在离舞台最远、最偏的观众席，看着舞台上的主持人，既羡慕又暗暗下决心：明年，明年我也要站在那里。我必须足够优秀才能担起"传承"这份光荣又沉重的任务。大二那年，我做到了。

只有我知道，能站在学校元旦晚会舞台主持的背后，是既苦又累的"十佳歌手"海选时一边做工作人员一边顶着烈日主持，是在广播站一次次打磨自己的播音和写稿能力，是在倾盆大雨中湿了头发，花了妆容，是一次次欢歌、灯光过后留下来和其他工作人员一起收拾活动现场，前一秒灯光、舞台、礼服，下一秒曲终人散。元旦晚会那天，有位对我影响和帮助很大的学长告诉我，他看了直播，觉得我的声音有让人惊喜的穿透力。一年多的打磨，让我成长了太多，我追求的梦想在开花结果。

作为一名女主持，或许比男主持有着更多的艰辛和不易。因为除了基本功和内在的淬炼，外形的修炼也必不可少。女生仪态要端庄大方、妆容要清新得体、高跟鞋是秘密武器。女主持在户外夏天穿着礼服，热且黏腻，冬天又冷。具体到我个人身上，因为个子不高，常常为了舞台效果踩着超出自己极限的细高跟；因为骨架偏小，每次都难以租借到合身的礼服，大串别针别在背后；化妆品和厚重的发胶多次伤害皮肤和头发，破皮疼痛成了家常便饭。在女生数量明显居多的衡阳师范学院，男主持更容易拥有观众缘，所以作为女主持则更需要在互动中思考，如何更能调动观众的热情和积极性。

校园主持经历中最难忘的一次是一场对祁东县乃至衡阳市都意义非凡的现场直播晚会，湖南省、衡阳市众多重要领导莅临现场。和我搭档的是当地一位很有名的男主持，国家一级播音员，年过四十仍每天坚持练习基本功。那是一个很冷的冬天，我激动，也紧张，早上六点跟着团队坐了两个多小时的大巴到了现场，和那位前辈对词后，我无比忐忑——我们水平差距太大了。正在我担心自己给整场晚会拖后腿时，一个令我始料未及的情况出现了——在寒冷又空旷的彩排现场，一阵莫名的腰痛让我无法站立。我到现在也忘不了那种钻心的疼痛和无助，是什么原因呢，也许是我那一周已经穿着高跟鞋连续主持了5场活动，站立时间太久，腰部承受了太大压力；也许是太冷了，体质不好受了寒；也许是坐车缩着太久了。我不知道原因，只知道那种强烈的痛感，让健康的人无法站立。环顾四周没有我认识的人，我甚至也不敢讲，因为我怕旁人觉得这是一个娇气的借口，只能偷偷拿出电话流着眼泪跟好朋友说我的窘境，这个时候导演叫了一声："主持人穿好礼服来彩排。"

我最后是裹着羽绒服完成彩排的，分不清是冷还是疼，我在不停发抖，每走一步就掐自己一下转移注意力，我都能想象一瘸一拐、不断掐自己的背影多好笑，前辈问我怎么那么僵硬，我只好撒谎说："我太紧张了。"最后晚会圆满成功，在前辈的指点下我获得了领导的一致好评。我不知道自己是怎么撑过来的，也许是暖身贴祛了寒，也许是脑子里绷的那根弦时刻提醒我——不能垮。晚会结束后又坐了两个多小时的车返校，衡阳冬天的风是杀人的刀，我觉得自己都快冻僵了。回想一天的辛酸和疼痛，好像都抵不过晚会圆满结束带来的欢愉，舞台上的疼痛没有打败我。那一晚，我萌生了一个想法：想去更大的舞台。那一年，我大二，19岁。

双肩担责任，处事存长风

身边很多人喜欢问我这样一个问题："你不是法学院的学生吗？怎么做主持人？"每次我都耐心回答："不冲突的，专业和兴趣我都要。"主持人的综合素质要求高，需要涉猎的方面也广泛，身为法学院的学生，我的专业给予我极大帮助，让我在理性和逻辑性极强的法学世界中探寻真理。我享受阅读，关注生活的点点滴滴，培养看待事物的独特想法；也积极参加法学院开展的辩论活动和演讲比赛，锻炼语言表达能力；同时积极参加礼仪培训，锻炼自己的形体和仪态，始终铭记"知行合一"，知者必行。

作为一名校园主持人，思想认识必须有高度。我积极践行社会主义核心价值观，传播正能量和弘扬主旋律，丰富同学们的校园文化生活，更好地传达衡阳师范学院的传承精神。我乐于和喜爱主持的学弟学妹进行沟通交流，并鼓励有潜力的同学进行实践。"流水不争先，争的是滔滔不绝。"我也真诚地希望老师对我说的"传承精神"能被每一位想做主持人的同学体验到，希望他们真心热爱这项事业，敢于吃苦奉献而非只是享受灯光下的掌声和华丽、在意外形多过提升内涵，更重要的是，担得起背后的辛苦，踏实做事、扎实学习、忠于初心。

大学里，最让我感到责任之重的是我在大三那年有幸担任衡阳师范学院党委宣传统战部旗下唯一一家有声媒体"校园之声"广播站的站长。那是我大学成长的起点，有我爱的老师和朋友，也是在这里，我收获了感动、关爱，体会了情怀。我希望每一个成员不要把广播站当成单纯的机构，而是有温度的小家庭，我很喜欢和他们聊天，听他们的故事，了解他们的点点滴滴。他们的故事很多时候为我的主持带来灵感，倾听千万观众，首先要倾听身边人。传统广播应该与时俱进，于是我带着团队一起策划、拟订了广播站人才培养方案，邀请过湖南祁东播音主持专业委员会会长江杨子、衡阳县船山文化研究会副会长王辉先生等前辈给大家进行培训，提升大家的播音和写作能力。一年的时间很短，卸任之前我最遗憾的事就是因为参加法考少了很多陪伴大家的时间，但其实我一直在背后默默关注。如果有问题和困难，我会尽我所能给予帮助。

及时当勉励，岁月不待人

除了主持活动，学校还给了我很多平台和机会去提升自我。在2017届新生代表大会上，我有幸作为2016级学生代表发言，我说大学生活是一场"风花雪月"，至今也会有学弟学妹和我就此进行讨论；2017年作为优秀学生干部代表为我校第五次学生代表大会致开幕词；在2018年学校审核评估誓师大会上作为学生代表发言，我珍惜每一次展现自己的机会，也想给衡阳师范学院学子传递一份属于郑欣雨的声音。为了接触到更大的平台，认识更多优秀的同学，我渐渐走出校园，在衡阳市的舞台去历练自己，多次主持或参加衡阳市文化馆、衡阳市旅游局、衡阳市广播电视台等单位组织或主办的大型活动。2018年，我参加了中山大学第十届模拟联合国大会活动，作为一名"小白"，参加社会调查，向有经验的朋友求教。功夫不负有心人，在中山大学、湖南大学、中南大学等众多高校的优秀学子中，作为第一次参加比赛的新人，我获得了五大奖项之一的"最佳风采奖"，认识了诸多优秀的朋友，深切体会到，遥远的远方和美好的世界都与我有关。

每一次难忘的经历都会让我更加优秀，我期待着认识更多温暖、有趣的灵魂。他们也是从衡阳师范学院一步步走出来的，有的成为中国传媒大学的研究生，有的成为衡阳广播电视台的主持人，有的成为山东卫视的节目主持人，还有的开创了自己的电台。他们共同的特质是坚持、坚定、勇敢、笃行。外面的世界还有很多和他们一样的人，等着我和他们相遇。

书里说："女子可以柔弱，但不可以软弱；可以温柔，但不可以卑微；可以泛舟自在，但不可以随波逐流；可以品尝寂寞，但不可以沉浸黑暗；可以弱质瘦小，但不可以没有一身铮铮铁骨。"

我总想着，有一天我终会成为一个比现在更温和、更正直善良的人。招人喜爱，活泼灵气，举止有度，这是我对21岁的自己最好的祝福！

乘风而起，不悔青春

——教育科学学院　胡晓庆

胡晓庆，衡阳师范学院教育科学学院2016级教育学1班学生。曾任学习委员、班长、班导师助理；荣获湖南省"立德修身 诚信为本"主题教育征文一等奖、湖南省"大学生军训摄影摄像"大赛一等奖、衡阳市创新创业大赛"十佳创意项目"、衡阳师范学院"优秀学生干部标兵"和"三好学生"。

> 她总是在忙碌，但是你需要的时候又在你身边；她总有做不完的事情，我们都知道她帮助了很多人。她的身影总是散发着善良的光，能照进人的心里，如同冬日暖阳一般温暖。
>
> （2016级教育学1班　徐婕）

> 量变堆积历史，质变分割历史，量变与质变的不断转化是她不停成长的因果。胡晓庆用她"用不完的精力"诠释着"让优秀成为习惯，把激情化作永恒"！
>
> （辅导员　曹喜燕）

敬业乐群，扬帆起航

"寝室长，帮我拿下东西。"

"寝室长，帮我递块儿毛巾。"

"寝室长，帮我带个饭。"

……

在寝室里，我就像是大家的"家长"，无论什么事情都喜欢喊我帮忙。有同学问我会不会觉得反感，但我会笃定地回答"不会"。室友之所以喜欢喊我帮忙，并不是因为懒，而是因为她们无条件地信任我。每每想到这里，我都会有满满的成就感。

大一至大三，我一直担任着寝室长一职。做了几年，仍旧感觉很开心，因为寝室就像我们的家。无论是从寝室卫生、学习氛围、艺术特长还是寝室布置，我都带着室友们一起努力，共同营造温馨的寝室氛围。难忘我与室友一同为了准备寝室文化艺术节而付出的努力，所有人齐心协力，斩获了校级"四型宿舍"，连续两年获校级"文明和谐示范宿舍"、院级"美丽宿舍"、院级"十佳宿舍"等奖项。我们是室友，但更像一家人，大家都为这个小家而付出，让我们的小窝充满了爱和温馨。而我在担任寝室长期间，引导室友团结一致，一起变得更加优秀。

寝风是宿舍生活中非常重要的一环节。在2016—2017年中，我有幸担任了寝风督察员，在此期间我坚守岗位，为学院的寝风建设做出了突出贡献。每周严格按照生活部的要求和指示对全院卫生进行检查。在查寝过程中，我积极解决同学们在生活上所遇到的问题，不偏不倚，指出每个寝室不足的地方，帮助学院每一间寝室变得更好。

我在2016—2017年担任班级学习委员，2017—2018年担任班长。这两年我不仅管理好了班级，也约束、管理好了自己。在认真帮助同学完成学习上的任务、组织班级活动的同时，勤勤恳恳，不辞辛劳，不仅带给同学们欢乐，也提升了自我的组织和管理能力。

大一担任学习委员，首先自己带头，遵循学习委员积极学习、早晚自习坚持不迟到不早退的原则，给同学们树立了一个好榜样。与班委团结合作，积极配合和帮助班委解决难题，作为老师的得力小助手，及时发布老师所布置的任务，积极帮助同学解决学习上的问题，鼓励同学参加学院组织的各项学习活动。在学习上，我经常会细心地记录上课老师所讲解的内容，在课后为同学们答疑解惑；临近四六级、期末考试时，我会提示同学们带好考试用具，让同学们保持好的心态，积极应对考试。

大二担任班长，任劳任怨为同学服务，积极在班级传达正能量，关心照顾每一位同学，勤勤恳恳地管理班级；组织班级举办过多次团体活动，获得同学们的一致好评。在活动中增加了班级凝聚力，同学们更加团结友爱。让我印象深刻的是"孔子读书会"活动，因为是本专业第一届，我们便开辟了本专业"孔子读书会"的先河。我在担任班长期间，每两周就会组织同学拿出一个晚自习的时间一起讨论交流近期的读书心得，同学们热情高涨，都在认真分享、聆听，坚持了两年"孔子读书会"，感觉全班同学都邀游在四书五经、柏拉图的《理想国》、卢梭的《爱弥儿》等东西方名著的长河里，领略不同的思想氛围，拓宽我们的视野，营造良好的学习氛围。

无私奉献，不忘初心

常做公益事业，服务社会，积极帮助有困难的人，是因为这样能够让我感受到自我的价值。2016—2017 年，热爱志愿活动的我加入了青鸟志愿者协会，且每次只要有时间，就会积极主动地参加图书馆志愿者活动、市福利院志愿者活动、文明劝导志愿者活动、创建文明高校志愿者活动等，为社会奉献出一份力量。志愿时长达 100 小时，受益群众有 300 余人，并于 2017 年获得院级"乐于助人道德标兵"。

2016 年 10 月 22 日，迎来了我在大学生涯期待已久的第一次志愿者活动，那就是"化'凌'为整"市图书馆义工活动。书籍是人类进步的阶梯，图书馆是生命的宝库、是知识的海洋。举办这样的活动是为了让广大市民拥有一个安静、整洁、舒适的阅读环境，为了让每天陪伴我们的书籍得到更好的保护。

令我印象深刻的还有去衡阳市福利院的志愿者活动。福利院的地理位置偏远，几乎与世隔绝，但是每一位在里面献爱心的义工都没有因此而放弃。她们悉心照顾每一位孩子，陪伴孩子玩耍，不辞辛劳。我们尝试做那些义工每天都做的事情，带他们出去散心，照顾他们，给他们讲故事。离开之际他们依依不舍地跟我们告别，让我们体会到原来每个残疾儿童的内心其实是很纯真的，需要我们去关爱。只要人人献出一点爱，人间将会更美好。这次活动让我体会到，生命是脆弱的，也是坚强的，只要有爱一切都是有可能的；也让我感到在奉献中的快乐，原来献出自己的爱心带给他人一份温暖，也是一种快乐。

笃行勤业，砥砺前行

班级蝉联七次学院"学风"第一名、获校级"最团结班级"第三名、院级"优秀学风班级""优秀辩论队伍""五四红旗团支部""先进班集体""年度班级活动计划表"一等奖……这一系列奖项，琳琅满目，满是回忆。在担任主要班级学生干部期间，我精益求精，积极创新，举行了许多特色活动，这些荣誉才逐一"找上门来"。回首过去几年的学生干部经历，我发现自己成长颇多，收获不少。在这些活动中，同学们的团队协作能力得到提升，班级凝聚力也变得更强了，这让我感受到了自己存在的意义。

入校三年以来，在工作上的时间花费不少，但是我深知，作为学生的第一要义是学习，学业上丝毫不敢松懈。我来自湖南省永州市双牌县一个普通的小山村，是一个农民家庭的孩子。虽然经济条件并不宽裕，但是秉着"厚德、博学、砺志、笃行"的原则，我在学习上刻苦认真，积极积累课内外的知识，成绩名列前茅，大二、大三学习综测均为班级第一，连续两年获得"国家励志奖学金"、校级"三好学生"，荣获校级一等奖学金、三等奖学金。同时，我在校积极参加各项文化活动，全面发展素质且取得优异的成绩，曾获校级"大学生英语竞赛"二等奖、院级"榜样的精神"征文比赛一等奖、院级感恩教育"三行情书"一等奖等。同时，也获得了普通话考试国家二级、国家计算机二级良好、教师资格证、英语四级等专业技能证书。

入学以来，我始终捧着一颗炽热的心，奋斗在自己的岗位上，用自己的爱心和能力，为班级、学院、社会做贡献！青春飞扬，我用快乐与坚持践行着新时代新青年的言行。人生的意义不在于索取，而在于奉献。面对多姿多彩的大学生活，我树立了正确的价值观，并为实现自身梦想不断努力。相信我一定会超越自我，全面发展，成长为一名用行动展现自我、用理想充实未来的当代青年。

即使我的能力仍有限，但一颗勤业之心不会磨灭，我将尽全力去做好每一份工作。让寝室成员团结友爱是我的责任，为同学们打造优秀学风班级是我的任务，组织好每一次活动是我的动力，了解关心每一位同学是我努力的方向，志愿服务社会是我奉献爱心的体现。未来的日子，我会继续认真负责地对待学习和工作，做一名笃行勤业、全面发展的好青年，不管生活如何，我都会以最好的心态去面对，并且继续前行！

润物无声亦有"声"

——"校园之声"广播站

衡阳师范学院"校园之声"广播站是隶属于校党委宣传统战部旗下的唯一一家有声媒体,作为校园主流媒体,秉持"以新闻眼光关注校园,以传播媒体引导舆论"的宗旨,坚持"创新笃行"的理念,活跃在校园传媒的最前线,积极弘扬时代主旋律,争做校园的先行发声者。在"2017年度湖南省高校优秀广播电视节目评选"中,衡阳师范学院"校园之声"广播站获得了一等奖1项、二等奖1项、三等奖12项;在"2018年度湖南省高校优秀广播电视节目评选"中,广播站取得了一等奖1项、二等奖3项、三等奖7项。

> 雨雪天温馨地提醒添加衣物,酷暑天介绍着避暑方法,春天告诉我们校园里哪些花儿开了,秋天细数着哪里的树叶又黄了。因为你们,我感受着衡阳师范学院四季的变化,看见了最美的樱花和最伤感的落叶;也因为你们,我们有了大学四年最美的记忆。
>
> (2016级环境设计2班 于晓琪)

> 用声音丈量土地,用声音传播人情冷暖。他们是校园的"先声",他们是默默的幕后工作师,他们是校园新闻的集散地,他们是校园生活的添加剂,因为他们,衡阳师范学院变得更加有声有色。
>
> (辅导员 张杰)

衡阳师范学院"校园之声"广播站是校党委宣传统战部旗下的唯一一家有声媒体,坚持"以新闻眼光关注校园,以传播媒体引导舆论"的宗旨、"创新笃行"的理念,一直以校园信息传递者和学生思想引导者的身份活跃在校园传媒的最前线。1996年9月1日,广播站成立并开设了中英文播音部、编辑部。中英文播音部现有播音员56人、编辑员12人。其中播音部是整个广播站的发声源,负责每天节目的录制播放和直播,同时也活跃在运动会、新生秀、校园十佳歌手大赛等校园活动的主持平台上。编辑部作为声音的幕后者,将编辑工作贯穿广播节目制作的始终,是一篇篇优秀文章的创造者,也是一个个优秀节目的孕育者。

校园的轻语

"声动师院,心动你我。欢迎收听衡阳师范学院校园之声!"每当这句台标响起,就意味着新一期节目开始。衡阳师范学院"校园之声"与每一位听众相约在每天的中午、下午和傍晚。十六档中英文节目滚动播出。说到校园广播,往往想到的是"只闻其声,不闻其人"。我们不像校园主持人那般可以穿上华服、站在灯光四射的舞台上展示风采,我们只是坐在播音台前,通过话筒和广播向大家传达温暖且有力量的声音。曾经有一位主播说:"我最自豪、最有成就感、最满足的一瞬间,就是整个校园里都回响着我的声音的那一刻。"虽然你不知道我们到底长什么样子,但你曾听过我们的声音。我们把所有积极的情绪融进声音里,只希望听众听到我们的声音能感受到鼓励、慰藉和温暖。话筒和广播只是冰冷的机器,而我们是最懂温情的人,我们想把真情说给你听。

在2019年广播站更换了全新的网络IP广播系统,广播音质更好,音箱分布更广,而我们在全新的工作环境里,也更加努力和严谨地为校园广播做贡献。一期短短半小时的节目音频,背后投入的是主播、编辑和监制一周的时间和精力。每一期节目我们都用心准备,不抱怨不松懈,勤勤恳恳。这期节目该说什么内容,节目的风格是什么样的,每句话的措辞应该如何讲究,所说的话是否存在争议,所用的资料是否真实可靠,思路逻辑是否清晰,该插什么背景音乐,大家想听什么歌,这些都是需要注意的问题。想做一件事不难,但要做好这件事却是非常不容易的。就为了这短短半小时的节目,大家一起商量稿件,对稿修改,录制音频,再用AU剪辑节目音频等,这些工作虽然琐碎但至关重要,缺一不可。有时候为了做得更好,我们常常熬夜到凌晨三四点,剪好的节目音频需要马上发送审查,有时会因为背景音乐太小声,而重新修改返工。我们带着严谨认真的态度,反反复复地修改,才会有每天和大家见面的广播节目。当每天的广播声音响起,大家听着广播的声音走在下课的路上时,就是我们最期待,也最开心的时刻,因为衡阳师范学院在校上万名师生都是我们的听众。

青春的味道

"广播站今天的歌真好听！我也想点歌！""广播站可以点歌吗？""广播站怎么没有微博？""可以去微博关注师院广播站吗？""校园之声"广播站为学校服务，为衡阳师范学院学子服务。在了解了广大同学的需求后，我们细细思考，在2010年11月10日开通了微博平台，并开创了一档通过发布微博来点歌节目《音乐替我说》。同学们可以通过微博留言进行点歌互动，分享音乐，分享心情，分享自己在衡阳师范学院的故事……同时，我们也充分利用官方微博扩大衡阳师范学院"校园之声"广播站的影响力。我们通过微博平台和其他高校（如中国传媒大学等）的广播站进行线上交流，实现资源共享，共同创新进步。前进的脚步不止于此，在2016年，凭借着广播站成员的不懈努力，我们成功入驻网易云音乐电台，获得专属"衡阳师范学院校园之声"的校园电台。入驻网易云意味着我们的受众从衡阳师范学院学子扩大到千千万万的网友，这看似简单的操作，实则不易。播音员和编辑员的工作看起来很光鲜亮丽，但是也很辛苦，因为在光亮的背后，每一位成员都熬过无数个闪着星星的夜晚。开通新平台并合理运营、入驻网易云音乐电台，看起来很简单的事情，其实需要一个强大的运营团队。我们每一位成员全身心投入其中，为了研究某个操作、练习某段投稿音频，反复去练习和尝试，当节目过审、被听众听到，并有音乐"发烧友"在网易云上留言"这一期节目很棒""声音好好听哦！表白主播"的时候，我们从中获得极大的满足感和成就感。在刚刚开通官方微博和刚刚入驻网易云的时候，有人说我们没有热度、没有关注度，有人认为我们节目收听率不高，有人觉得我们多此一举、徒增工作和烦恼……我们曾受过很多嘲笑和质疑，但从未想过放弃。每一份工作，要想把它做好都会经历一个艰难的过程，而支撑我们走过难关的是支持我们的听众。

"正在做题，思索不出来的时候，广播站放了这首歌。从来没听过，这种娓娓道来的感觉一下戳到了自己，心里忽然变得安安静静，考研带来的烦躁好像也抹平了很多。谢谢这位可爱的同学呀！更谢谢广播站呀！"

"你的那份认真，你的那份执着。和你动听的声音一起努力下去吧！经历总会越来越多。未来总会越来越好。"

……

这一条条评论留言，给予了我们无限的力量和鼓励。看到评论和留言的那一刻，感觉真的很奇妙。我们的声音、我们制作的节目在无意之间感染了别人，给他们带来了帮助和力量。这奇妙的感觉在心里无限放大,形成无法言说、无法比拟的自豪和感动。这也告诉我们,认真地去做好每一件事,总会被人看到。而我们更要为前进而努力创新,为听众而不忘初心。

2016年,"校园之声"广播站因中央电视台推出的大型文化情感类节目《朗读者》而得到灵感,创新了一档全新节目——《文字有约》,通过每期不同的文字主题,带领大家领略文字的魅力,同时每一期节目都会邀请两位来自学校不同院系的学生嘉宾。嘉宾有时是在校学生,有时是已经毕业的学长学姐。他们通过文字主题,通过校园广播,讲述着自己的故事。很快,这一档节目成为同学们喜闻乐见的好节目,越来越多的人通过这个节目来分享他们的故事,表达他们的想法。幸运的是,这档节目在湖南省广播电视节目大赛中荣获一等奖。

热爱的坚持

"校园之声"广播站作为学校大型媒体之一,在学校党委、宣传统战部领导老师的关怀指导下,积极弘扬正能量,传达时代大政方针,为学校发声。过去十多年里,我们不断开拓进取、积极创新,时刻关注学校动态和发展,用声音陪伴了无数衡阳师范学院学子度过大学时光。广播系统覆盖各个教学楼、宿舍区、学校主干道,每天中午、下午两个时段都会用声音与衡阳师范学院学子准时相遇。此外,我们还担负着控制上下课铃声的重要职责,拥有多种类型节目16档。

广播站成员来自学校各二级学院,不同学院不同专业的我们因共同爱好而会聚于此,是多么有缘。因爱齐聚,广播站的团队凝聚力也异常强大,每位成员都把这里当作自己的家。从广播站走出去的人,无论在何处、在何位、做何事,永远都是优秀的。他们认定了的事情就一定会尽心做好,播音亦是如此。录音和剪辑音频至凌晨三四点已经成为家常便饭,但我们从不抱怨,依然以最好的态度和最高的质量完成每一次工作。因为这是我们所热爱的工作!

正是这一股韧劲,让我们齐头并进,一路斩获了一项项荣誉:在"2016年度湖南省高校优秀广播电视节目评选"中,取得了一等奖1项、二等奖1项、三等奖8项的好成绩;在"2017年度湖南省高校优秀广播电视节目评选"中,衡阳师范学院"校园之声"广播站获得了一等奖1项、二等奖1项、三等奖12项的喜人成绩;在"2018年度湖南省高校优秀广播电视节目评选"中,广播站取得了一等奖1项、二等奖3项、三等奖7项的好成绩。每一年还获得了多个校级优秀播音员的荣誉。这些傲人的成绩,离不开每一位成员的努力,这也将是我们彼此间共同的回忆。

  在磨炼播音技巧、做好本职工作的同时，身处广播站的我们也努力把自己培养成综合素质高的优秀人才。新闻与传播学院优秀毕业生徐君依、2014级文学院熊豪、2015级文学院孙挺等就是典型代表，他们在发展自身能力的同时也不忘学生本分，学习工作两不误。

  分工合作，尽职尽责，这是广播站的凝聚力；集思广益，努力创新，这是广播站的创造力；想同学之所想，全心全意为大家服务，这是广播站的亲切性。知行合一，发挥校园先锋带头作用，广播站必将永远前行！

以爱之名，照亮世界

——音乐学院　傅莹

傅莹，衡阳师范学院音乐学院2016级音乐表演1班学生。曾获2016—2017年院级优秀志愿者、2018年湖南省运动会优秀志愿者、2018年衡阳师范学院"十佳志愿者"、2019年衡阳师范学院"优秀志愿者"，2019年由支教学校州市小学颁发的优秀支教老师等称号。

> 你是我们可爱的同学，也是学生最爱的傅老师。师者，传道授业解惑也，教师传承的意义在于给更多孩子以希望，你做到了，我们为你感到骄傲。
>
> （2016级音乐表演1班　苏丹丹）

> 她用自己的专业知识为乡村的音乐教育献出一份力量，用自己的努力改善乡村音乐教育的落后面貌，缩小城乡音乐教育差距。她一直默默无闻，一直用实际行动为农村基础教育尽着绵薄之力。
>
> （辅导员　刘颖）

"世间一切相遇，都是缘分所致。"，而我遇见衡阳师范学院、遇见生命中的每一个人，或许都是上天早已安排好的。2016年的那个夏天，我步入衡阳师范学院大门。八月的炎热，不禁让我感受到湖南的"辣"味，作为一个从小在广东长大的女孩，深刻感受到湖南人的特点。在这里，我开始遇见了一番别致的风景，以一种全新的方式打开了我的世界。

"谢谢你这么热心肠地帮助我。""小姑娘，有心了。""姐姐，姐姐，我好喜欢你，谢谢你帮我。"这一声声谢谢，对于志愿者来说，是活动中的能量加油站。志愿者本意是有志且愿意付出的人，志愿者的出发点不是好奇心的满足，而是对社会的回报。每次我与小伙伴一起去参与志愿活动，感谢的话总会不停地在我耳旁响起。每每听到这些，我心里总是欣喜。志愿者本身不仅是给予他人帮助，同时也会得到收获，无论是自我的成长，还是对世界的思考，有时候回想起来，自己也会不自觉地嘴角上扬。最终，所有的经历都成为珍贵的回忆，人生不就是一个不断经历、留下回忆的过程吗？如果每个人能有一份善心，我相信这一份份温暖会代替这个时代的冷漠，愿我们都能成为温暖的人，闪耀温暖的光芒。

2016年一次偶然的机会，我第一次接触了志愿活动，第一次结识了一群可爱的人儿。过去三年时间，我以小百灵志愿协会为平台，以一次次志愿服务活动为契机，前前后后参与了百余次志愿服务活动，走进课堂为数百名孩子送去义务支教，走进社区为敬老院、福利院的老人孩子送去温暖与关心……"爷爷，我来了。""姑娘，可以帮我拿一下那个东西吗？""小傅，咱们一起去外面散散步吧。"每每回想起这些画面，我都能感受到人与人之间的心灵互动，让我们为需要帮助的人付出了爱的同时也温暖了自己。十年前有部电视剧叫《士兵突击》，里面有句话让我印象深刻："好好活就是做有意义的事，做有意义的事就是好好活。"那时我不过十一二岁，却对这句话产生了极大的共鸣。做有意义的事，成了我的信仰。就这样，我成为需要帮助的人离不开的人了。每周一次，年复一年，到如今算来，已坚持做了三年的公益活动，而我仍旧奔赴在路上。我一直相信，赠玫瑰于他人，手自有余香，为此我也一直在坚持着。

"做一名优秀的人民教师"，这句简简单单的话里承载着我小小的梦想，这是我一生追求的目标，也是我此刻正在努力的事情。从踏入衡阳师范学院大门的那一刻起，我就知道自己离梦想更近了。"教师"这一职业在我心里是神圣的，它肩负的是人民的教育事业，培育的是国家和人类的未来，"桃李满天下"是每个老师心中所追寻的。在我的家乡，教育理念还够先进，有时候，我为孩子们感到心疼，而我能做的就是为他们带去新知识、新技术、新视野。音乐教育作为素质教育的重要一环，尤其是在乡村教育中，更是不能缺少、需要重视的。现在每个孩子的课程压力都很大，如果不适当地放松，他们就无法释放心里那份压力。教育应该是在快乐中学习，而不是在压迫中学习。"音乐不是少数杰出人物的享受，而是人的精神力量的源泉。音乐不能成为少数人独有的财产，而应该属于每个人，这是最高的理想。"这段话充分体现了柯达伊的音乐教育观念——让音乐属于每一个人，"所有受过教育的人都应该使它成为一种公共财产"。怀着这个目标，我一直认真学习音乐专业知识，练就扎实的教学基本功。犹记得我为了给第一批支教的孩子上好一堂课，在课后精心设计教学过程、反复磨课与练习板书，嘴皮多少次磨破，粉笔灰多少次飘入嘴中……一次次精彩展示的背后，是我的很多努力，因为我想将最好的自己呈现给台下期待的他们。"小傅将来一定会成为一名好老师的，我相信她。"这一句不经意的夸赞，一点点地沁入我的心，化为我前进路上的不竭动力。"学为人师，行为世范"，所有老师教会了我这个道理，让如今的我也能站在三尺讲台上，做一个和他们一样的人，将自己的理念和思想传授给更多的学生，将对教育的热爱不断地传承下去，这份传承沉甸甸地压在我的肩上，我相信，我可以用自己的力量挺直腰板，无愧于人民教师这个职业。

三年的支教生活里，我所处的三所学校都是城郊农村学校，学生大多数是留守儿童，家庭对孩子的教育不够重视，更别提对音乐兴趣的培养了。孩子们虽然音乐基础比较薄弱，但对学习音乐是非常渴望的。在农村学校教音乐的老师许多是语文、数学老师，所以很多孩子到了六年级，对音乐基础知识的了解仍处于空白状态。为了改变这现状，能有一个好的音乐环境给孩子们，这一路我不断努力，过程是艰辛而有锻炼人的。在这三年里，更能深刻感受到自己要做一个爱心、用心、尽心的老师。在这个过程中，我最欣喜的是看到犹如"白纸"的孩子们，在学习和生活上也慢慢开始添上了五彩颜色。心思纯朴的他们总会在每个不起眼的日子送我一张张手写贺卡，贺卡上写着"您是最美的老师，感谢您的到来""我们爱你哟，莹莹老师""我们和你上课的每一分每一秒都是快乐的"等感人话语，让我感动的心情久久不能平复。一份份手工礼物——亲自做的仙纸鹤、小船，拼凑的小卡片，让我成为支教队伍中最亮的星。

如今，大学生活已接近尾声，我也即将毕业，回看过去几年的历程，很充实、很快乐，更幸运的是自己一直在成长，哪怕只有点滴，但从未止步。"做一名优秀的人民教师"，希望数年后的某天，我能自豪地说我做到了！那时候的我一定能用自己的行动去播撒阳光。

乘浪起舞，不负芳华

——新闻与传播学院 刘雍

刘雍，衡阳师范学院新闻与传播学院2015级广告学2班学生。曾获第八届英语风采大赛冠军、第三届"诗词吟诵"比赛一等奖、全国英语考试二等奖、反邪教征文活动省级二等奖、"校级创业之星"等多项荣誉。

> 刘雍常说我是一个敢于追求自己内心的"疯子"，但我觉得她比我更疯狂。她很疯，很坚持，由心而发喜欢舞蹈的她开设了一家舞蹈工作室，短短几年时间一步步把魅漾舞蹈工作室做大做强。她不仅是行动派，同时也很有想法，看待事情有独特的见解。除此之外，拥有强大力量的她是个爱美的小女生，喜欢笑，如此百变的她，让我想一直和她做朋友。
>
> （2015级广告学1班 邱丽娟）

> 独立，敢想，行动派，敢于突破自己，这是刘雍在我心中的模样。从大一在学生会做文娱部干事到部长，再到成立新传院艺术团，同时在学校创立炫舞团等，刘雍不断完成她的任务，做她想要做的事。大学过程中还创立了属于自己的魅漾舞蹈工作室。她一直坚持自己的想法，并且朝这个方向努力，对母校和学院一直充满感恩之心。期待她继续发光发热！
>
> （辅导员 齐春媚）

每个人都有属于自己的故事，或精彩或平凡，无论何种方式，都会收获不一样的感动。在人生的篇章里，我喜欢在音乐中起舞，享受聚光灯打在身上的感觉，更享受每一个与命运做斗争的时刻。

只要有音乐我就可以跳

如果说每个人降生于这个世界都负有使命的话，那我的使命就是跳舞。我来自湖南沅江边的一个普通家庭，父亲是一名商人，母亲在家照顾我们的生活起居，生活虽称不上富贵，倒也殷实，我也在这样的环境下喜乐无忧地成长。

也许是母亲发现我一听见音乐就开心扭动的特性，她认定我对舞蹈是有天赋的，5岁那年母亲把我送去学舞蹈。初学舞蹈是痛苦的，下腰、劈叉、开胯……每天在舞蹈房里练着枯燥的基本功，但小小的我却并没有想过放弃，而是一遍遍地问老师："我什么时候才可以真正跳舞呀？"

凭借着兴趣与热爱我坚持了下来，或许是真的有天赋吧，我跳得越来越好，舞台也越来越大。10岁那年我赴韩国首尔进行艺术交流，并且成为第三届中国青少年"精品艺术"全国电视展示湖南赛区形象代言人；11岁获得中国歌剧舞剧院颁发的中国舞十级证书。这些荣誉让我以为，我会一直在舞蹈这条路上走下去。

可是命运总是喜欢捉弄人，那年父亲的生意失败了，家里遭受到了前所未有的打击，一夜之间从小康变成了负债累累，舞蹈对于我来说成了奢侈品。还记得那段时间家里一直处于低压状态，沉闷、难过、无力等词汇涌入了我的生活，那时候的家像是在波涛汹涌的海上前行的一艘船，前方的阻力很大，风雨也很大。可就是这样一段难忘的时光，成了我人生中最为珍贵的回忆，也正是因为这段经历，我学会了担当，学会了乐观，学会了坚持。

人生不可能一帆风顺，逐梦之路也会遇到艰难险阻，不能去舞蹈班我就自己找视频学，没有舞蹈房我就在客厅里跳，人生不是等风雨过去，而是学会在风雨中起舞，只要有音乐我的舞步就不会停。

逐梦之行，迎风起舞

虽然家里的日子不再富裕，但我和家人却已能够抵挡生活的激浪。在那段艰难的日子里，我变得更加独立和勇敢，不屈于苦难，不屈于命运，在苦难中努力生长，去到更大的地方继续跳舞。

后来我考上了大学，来到衡阳师范学院，虽是广告学专业，但我从未忘记跳舞的梦想。自大一进校之初，我就加入了不少舞蹈社团，还担任了学院文娱部干事和班级文娱委员，不管在哪，只要有机会我就会跳，只要有音乐我就能跳。大二的我除了热爱还多了一份责任，我成为学院文娱部部长、校舞蹈队队长，成立了学院艺术团并担任团长。在大二下学期，我做了一个重大的决定：开创一个属于自己的舞蹈工作室——魅漾舞蹈工作室。

成立工作室缘于学妹跟我的一次谈话，因为活跃在各大机构并多次负责舞蹈教学，一个学妹对我说："雍姐，如果你开一个舞蹈班的话，我一定会去学的。"就是这样一句普通的话，让我思考后有了一个大胆的设想：为什么不能用我的舞蹈去传播一些当代大学生需要的正能量呢？虽然这在旁人看来是一件不可思议的事情。

有了具体的规划后我立即行动起来，我一步步将梦想变成现实。我经历过头顶烈日寻找场地，经历过因为资金有限而跟房东讨价还价，也经历过为了摆台无数次遭受打击……困难和挫折一直陪伴在梦想这条道路上，但我从未想过放弃，就像是5岁那年一遍遍练着基本功。但这次我不再问别人，而是自信地对自己说："我相信可以的！"

我一直相信天道酬勤，只要我足够努力就一定可以成功，所以我坚持了下来。在我的努力下，工作室从原来的16名学员增长到120名学员，其数量还在不断增加。魅漾舞蹈工作室也有了新的校区，就像工作室的宗旨——魅力、健康、纯粹、开心，越来越多的人加入了进来，通过舞蹈的魅力获得健康，通过学习舞蹈来获得最纯粹的开心，而我也通过努力获得了成功。

或许在旁人看来我做得已经足够好了，但我知道我要做的不仅如此，在梦想这条路上，不管将来会经历怎样的挫折，我也会不惧风雨，继续前行。

道阻且长，行之将至

我是舞台上的佼佼者，很多人觉得是上帝给予了我优于别人的气质，我的成功也是理所当然的，可很少有人想过，每一次光鲜的背后我付出过多少努力。因为易胖体质我从来没有吃过高热量的食品，尽管已经小有成就，但我仍然每天练基本功，"自律的人生才自由"是我在想要放弃的时候常常鞭策自己的一句话。

付出总是有收获的，我在用心努力生活，也在努力向上，慢慢地被大家肯定。无论是在学业上还是在生活中，我挥洒汗水用心成长，获得了许多成就，也收获了许多温暖与感动。这些肯定给予了我前进的动力，让我更加坚定地追寻自己的梦想、自己的内心走下去，舞蹈已经成为我生命中的一部分。

大三又赋予了我新的使命——衡阳市炫舞团团长,同时我还经营着魅漾舞蹈工作室。我常常在工作和学习之间忙得不可开交,但我也很享受这个过程。在这个忙碌而充实的过程中,我一直在做减法,只有做减法才能更好地前进,才能在梦想这条路上走得更好、更稳。

现在的我即将毕业,但我依旧在努力着,我不知道未来是什么样的,但我坚信要用心过好生命中的每一个瞬间,等回首往事,能跟自己说一声"我无悔",便已是幸事。我们还年轻,用心创造的未来、用努力拼凑的未来,一定是精彩的!

有人说舞蹈是脚尖上的艺术,对我而言舞蹈是像生命一样重要的东西,在人生这条道路上,会有大浪,也会遭遇搁浅,而我要做的就是乘浪起舞,不负芳华。